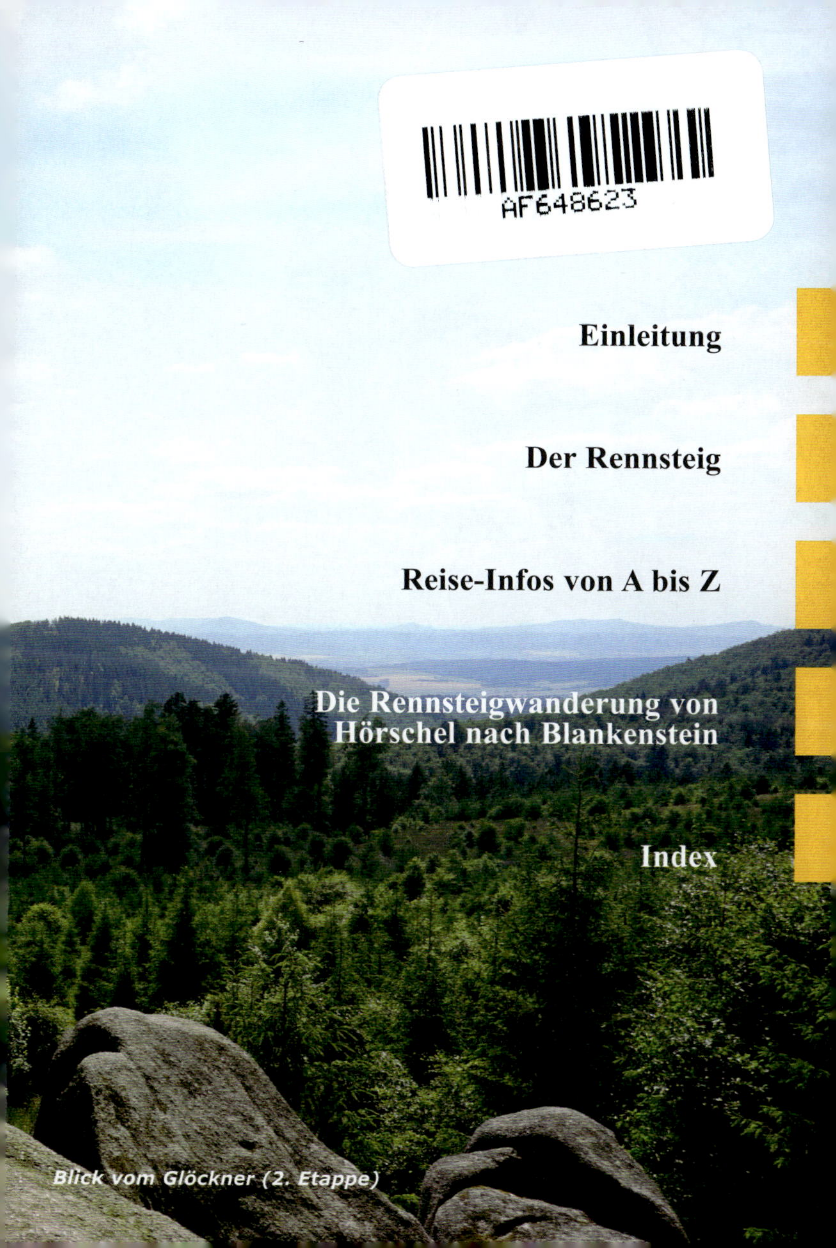

Einleitung

Der Rennsteig

Reise-Infos von A bis Z

Die Rennsteigwanderung von Hörschel nach Blankenstein

Index

Blick vom Glöckner (2. Etappe)

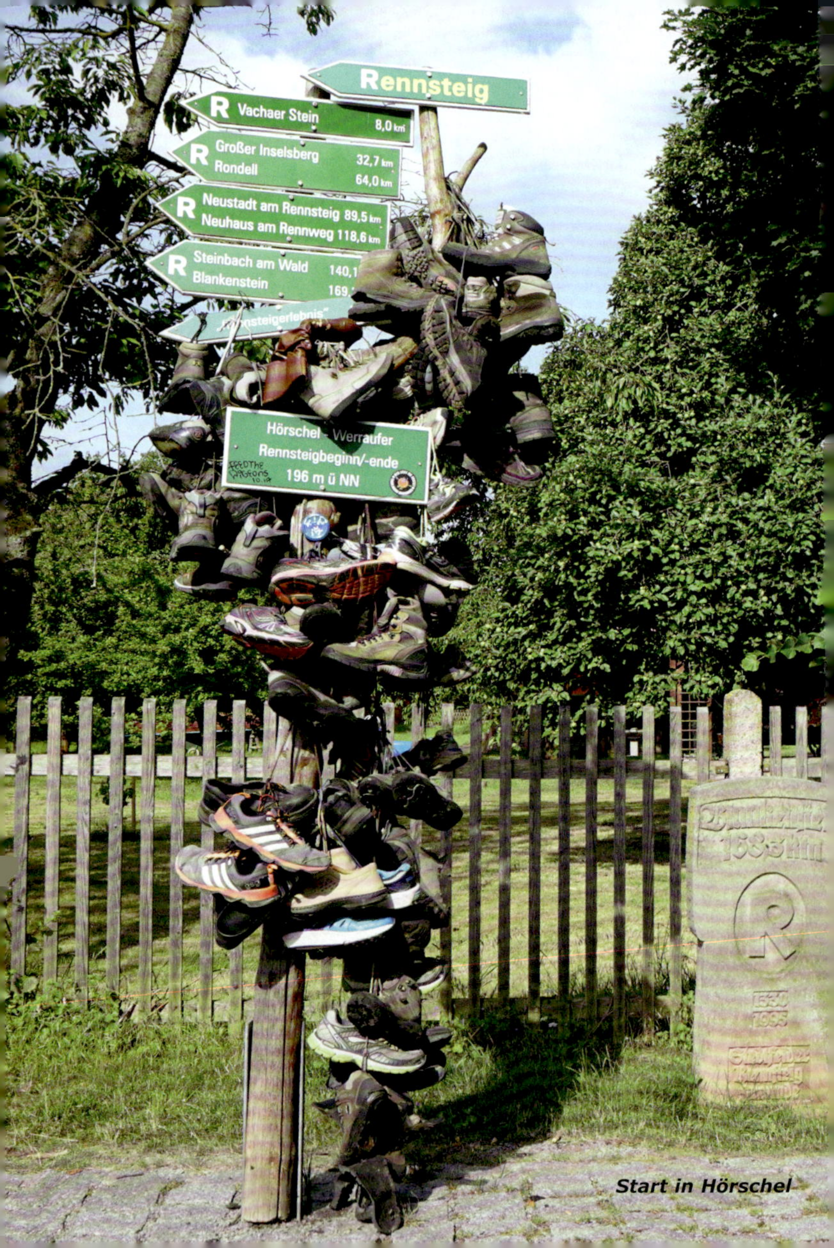

Start in Hörschel

Band 113

OutdoorHandbuch

Thorsten Hoyer

Rennsteig

von Hörschel nach Blankenstein

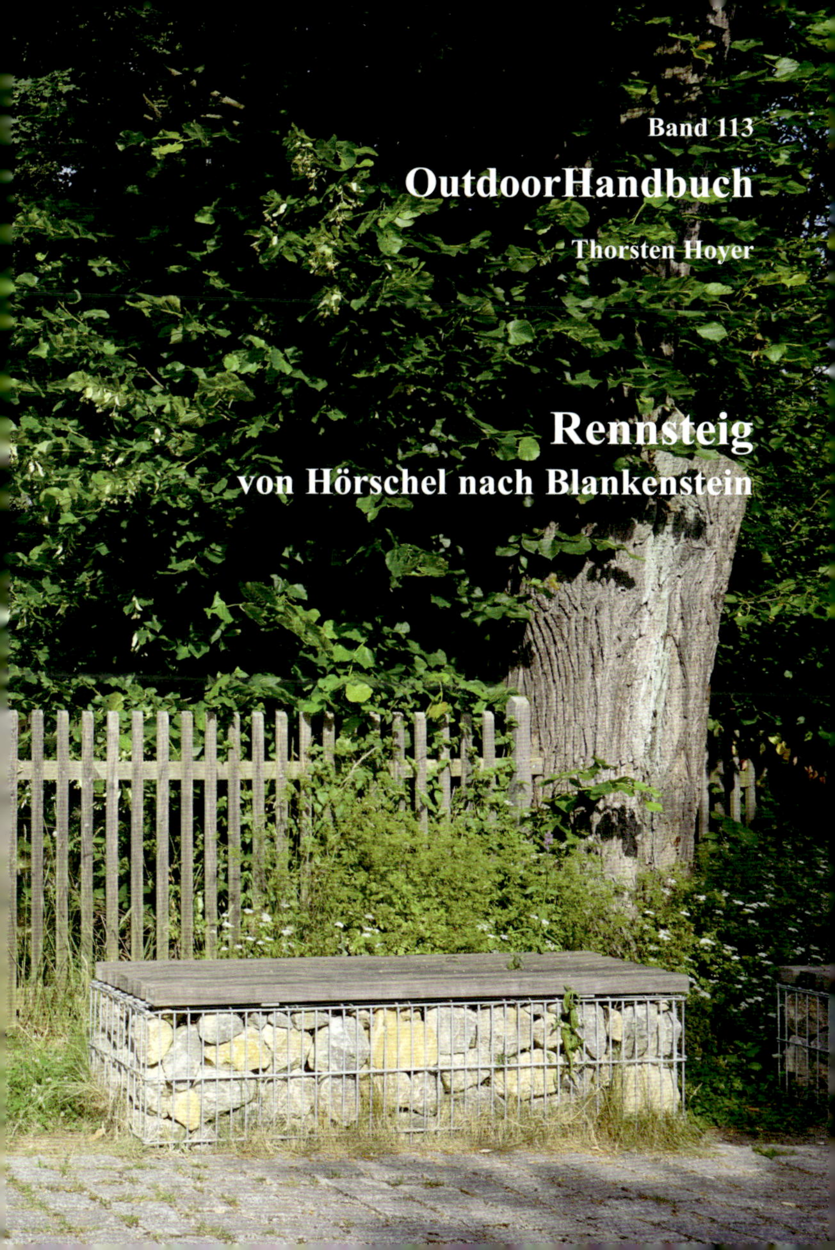

Rennsteig

Alle Informationen, schriftlich und zeichnerisch, wurden nach bestem Wissen zusammengestellt und überprüft. Sie waren korrekt zum Zeitpunkt der Recherche. Eine Garantie für den Inhalt, z. B. die immerwährende Richtigkeit von Preisen, Adressen, Telefon- und Faxnummern sowie Internetadressen, Zeit- und sonstigen Angaben, kann naturgemäß von Verlag und Autor – auch im Sinne der Produkthaftung – nicht übernommen werden.

Der Autor und der Verlag sind für Lesertipps und Verbesserungen (besonders per E-Mail) unter Angabe der Auflagen- und Seitennummer dankbar.

Dieses OutdoorHandbuch hat 160 Seiten mit 51 farbigen Abbildungen sowie 10 farbigen Kartenskizzen im Maßstab 1:150.000, 8 farbigen Höhenprofilen, 1 farbiger Stadtplan und einer farbigen, ausklappbaren Übersichtskarte. Es wurde auf chlorfrei gebleichtem, FSC®-zertifiziertem Papier gedruckt, in Deutschland klimaneutral hergestellt und transportiert und wegen der größeren Strapazierfähigkeit mit PUR-Kleber gebunden.

FSC
www.fsc.org
MIX
Papier aus verantwortungsvollen Quellen
FSC® C009051

Klimaneutral
Druckprodukt
ClimatePartner.com/10951-2107-1012

Dieses Buch ist im Buchhandel und in Outdoor-Läden erhältlich und kann im Internet oder direkt beim Verlag bestellt werden.

OutdoorHandbuch aus der Reihe „Der Weg ist das Ziel", Band 113

ISBN 978-3-86686-734-5 4., überarbeitete Auflage 2021

Text: Thorsten Hoyer
Fotos: Thorsten Hoyer, Joachim Stark (js)
Karten: Manuela Dastig
Lektorat und Layout: Ricarda Kuschma

Gesamtherstellung: gutenberg beuys feindruckerei

Dieses OutdoorHandbuch wurde konzipiert und redaktionell erstellt vom:

Conrad Stein Verlag GmbH,
Kiefernstr. 6, 59514 Welver,
☏ 023 84/96 39 12,
info@conrad-stein-verlag.de,
www.conrad-stein-verlag.de

Besuchen Sie uns bei Facebook & Instagram:

www.facebook.com/outdoorverlag

www.instagram.com/outdoorverlag

Titelfoto: Wartburgblick (1. Etappe)

Inhalt

Einleitung 8

Der Rennsteig 12

Geschichte und Rennsteigchronik 14
Das Rennsteiglied 28
Das Rennsteiggedicht 28
Der Rennsteigverein 32
Flora und Fauna 33
Geologie 39
Naturschutz 41

Reise-Infos von A bis Z 46

Anfahrt zu den Ausgangspunkten 48
Anforderungen 49
Ausrüstung 49
Gehrichtung 52
Information 52
Karten und GPS 54
Klima 54
Literatur 56
Organisierte Rennsteigwanderungen 56
Radwandern 57
Reisezeit 58
Schutzhütten 59
Skisport 61
Tourenplanung 62
Unfall/Bergrettung 64
Unterkunft und Verpflegung 64
Updates 65
Wandertempo 65
Wegezustand 65
Wegmarkierung 67

Die Rennsteigwanderung von Hörschel nach Blankenstein 69

Hinweise zur Wegbeschreibung		70
Stippvisite in Eisenach		71
1. Etappe: Hörschel – Ascherbrück bei Ruhla	19,0 km	77
2. Etappe: Ascherbrück – Spießberghaus	20,6 km	85
3. Etappe: Spießberghaus – Oberhof/Rondell	25,2 km	93
4. Etappe: Oberhof/Rondell – Neustadt am Rennsteig	25,4 km	105
5. Etappe: Neustadt am Rennsteig – Friedrichshöhe	17,1 km	117
6. Etappe: Friedrichshöhe – Neuhaus am Rennweg	11,5 km	126
7. Etappe: Neuhaus am Rennweg – Steinbach am Wald	22,4 km	132
8. Etappe: Steinbach am Wald – Blankenstein	28,3 km	140

Index 152

☺ Eine **Übersichtskarte** des Weges, **Autorenprofil** sowie eine Liste aller verwendeten **Symbole** in diesem Buch finden Sie auf den vorderen und hinteren Umschlagseiten bzw. -klappen.

Einleitung

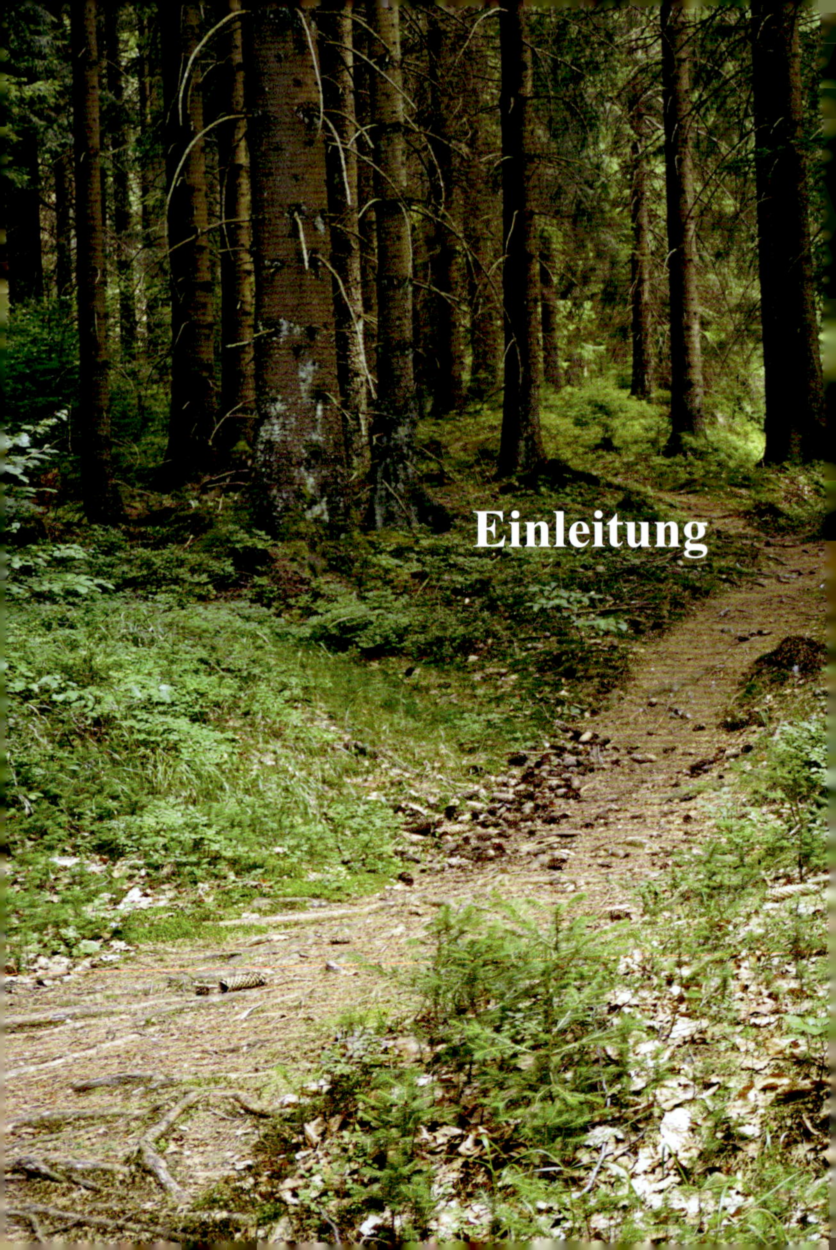

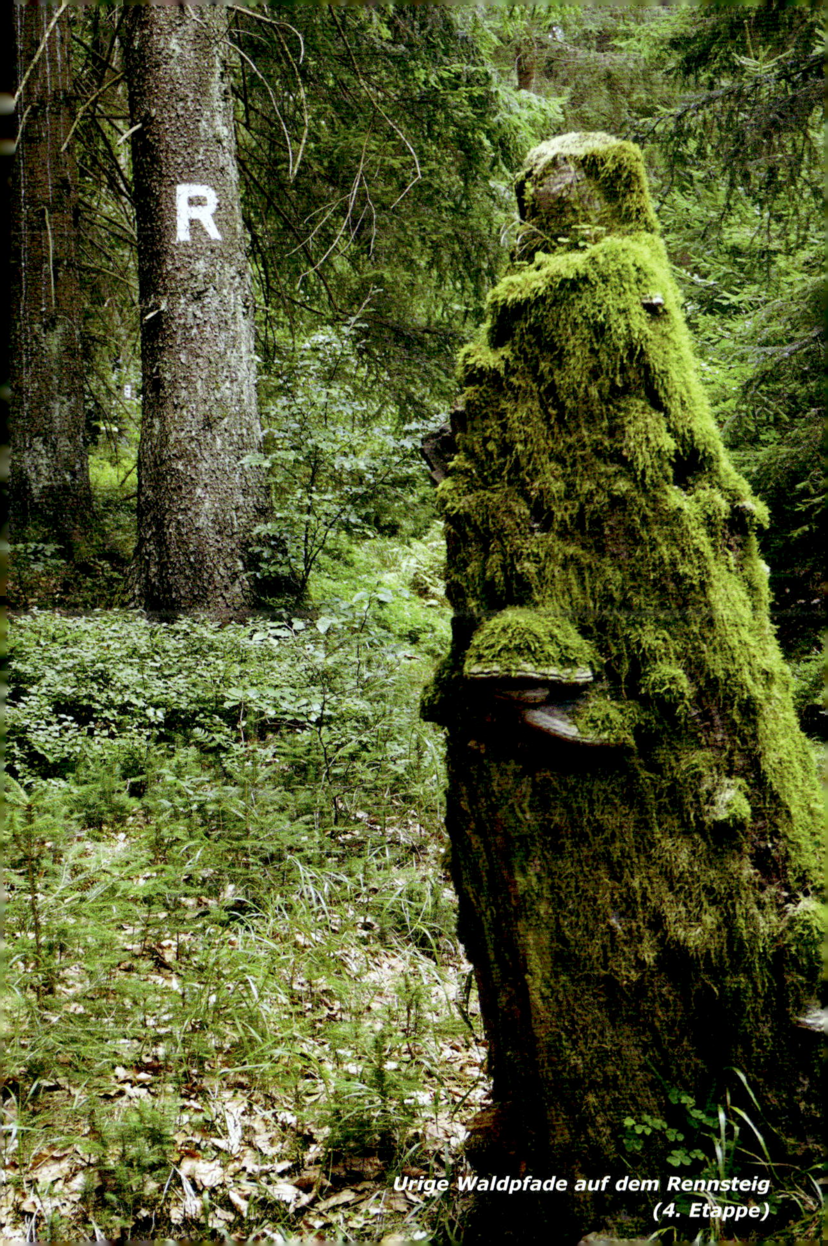

Urige Waldpfade auf dem Rennsteig
(4. Etappe)

Welcher Wanderbegeisterte hat nicht schon vom Rennsteig, dem ältesten und wahrscheinlich auch bekanntesten deutschen Fernwanderweg, der über die Höhen des Thüringer Waldes, durch das Thüringer Schiefergebirge und den nördlichen Teil des Frankenwalds führt, gehört.

Er beginnt am Mittellauf der Werra in der Ortschaft Hörschel und endet nach 168,3 km in der Ortschaft Blankenstein am Oberlauf der Saale. Auf einer Strecke von ca. 14 km wird der Landkreis Kronach und damit auch bayerisches Landesgebiet berührt.

Bereits 1830 wurde die Strecke zwischen Blankenstein und Hörschel von Julius von Plänckner „erstbegangen" und beschrieben. Von seiner Faszination hat der Rennsteig bis heute nichts eingebüßt und erfreut sich noch immer sehr großer Beliebtheit.

Was macht aber letztlich den Reiz einer „Runst", einer kompletten Erwanderung des Rennsteigs, aus? Victor von Scheffel charakterisierte den Rennsteig 1863 folgendermaßen:

Auf Bergesscheiteln läuft ein alt Geleise
oft ganz bedeckt vom Farnkrautüberschwang

...

Ein deutscher Bergpfad ist's! Die Städte flieht er
und keucht zum Kamm des Waldgebirgs hinauf,
durch Laubgehölz und Tannendunkel zieht er
und birgt im Dickicht seinen scheuen Lauf

...

Der Rennsteig ist's: die alte Länderscheide,
die von der Werra bis zur Saale rennt

...

Die Zitate des Gedichts zeigen die zwei wichtigsten Merkmale des Rennsteigs auf: Zum einen erlaubt es der Rennsteig auch heute noch, größtenteils abseits von asphaltierten Straßen, ein deutsches Mittelgebirge auf seiner gesamten Länge zu überqueren, zum anderen bietet der Rennsteig, der ein jahrhundertealter Grenzweg ist, die Gelegenheit, in die deutsche Geschichte einzutauchen.

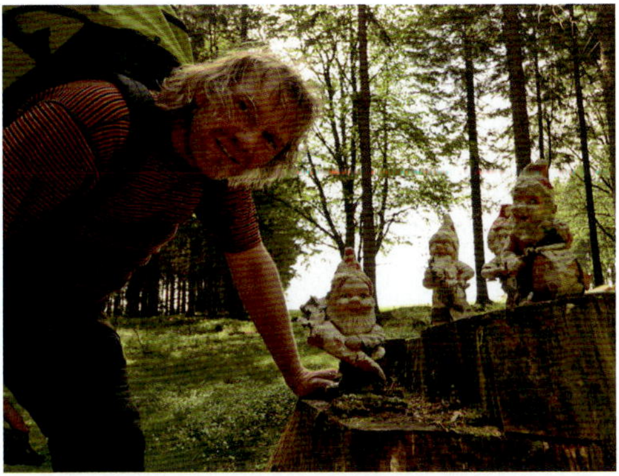

Der Autor unter Rennsteig-Zwergen (js)

Das vorliegende OutdoorHandbuch ist daher nicht nur eine reine Streckenbeschreibung, sondern ermöglicht auch gleichzeitig in die Rennsteig-Historie einzutauchen.

Die große Beliebtheit des Rennsteigs wird weiterhin dadurch gefördert, dass er in beliebig viele Etappen unterteilt werden kann. Wer es sich zutraut, kann seine Runst in fünf Tagen absolvieren, jede Tagesetappe ist dann ungefähr 35 km lang. Ausgehend von dieser etwas sportlicheren Aufteilung ermöglicht es die Infrastruktur aber auch, die Runst auf sechs, acht oder zehn Etappen zu verteilen. All diese Varianten sind in dem vorliegenden OutdoorHandbuch beschrieben.

Wir hoffen, Ihnen alle erforderlichen Informationen an die Hand zu geben, damit die Runst zu einem Erlebnis wird und wünschen gleichzeitig viel Spaß beim Eintauchen in die deutsche Geschichte. Mit dem Gruß der Rennerinnen und Renner – all jener, die auf dem Rennsteig wandern – wünschen wir eine schöne Zeit auf dem Rennsteig ...

Gut Runst!

Thorsten Hoyer — Erfurt im Mai 2021

Der Rennsteig

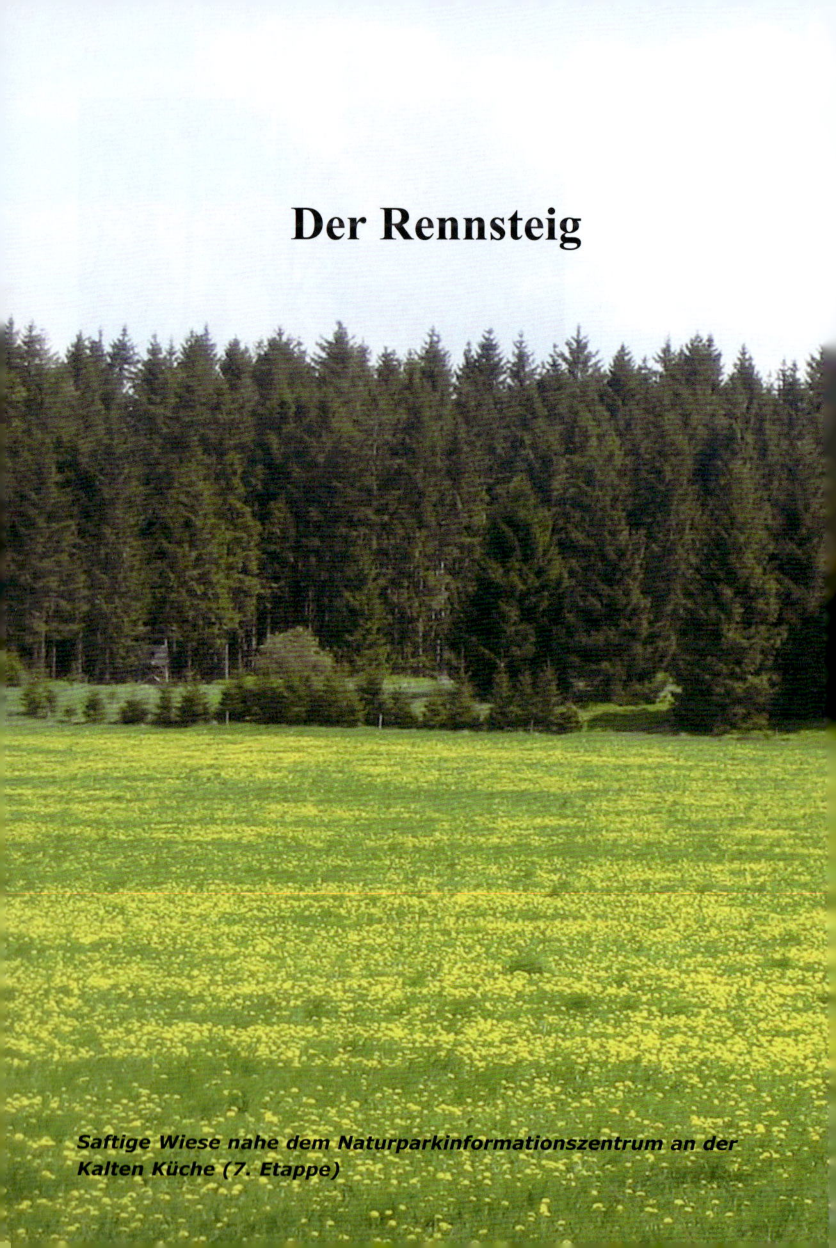

Saftige Wiese nahe dem Naturparkinformationszentrum an der Kalten Küche (7. Etappe)

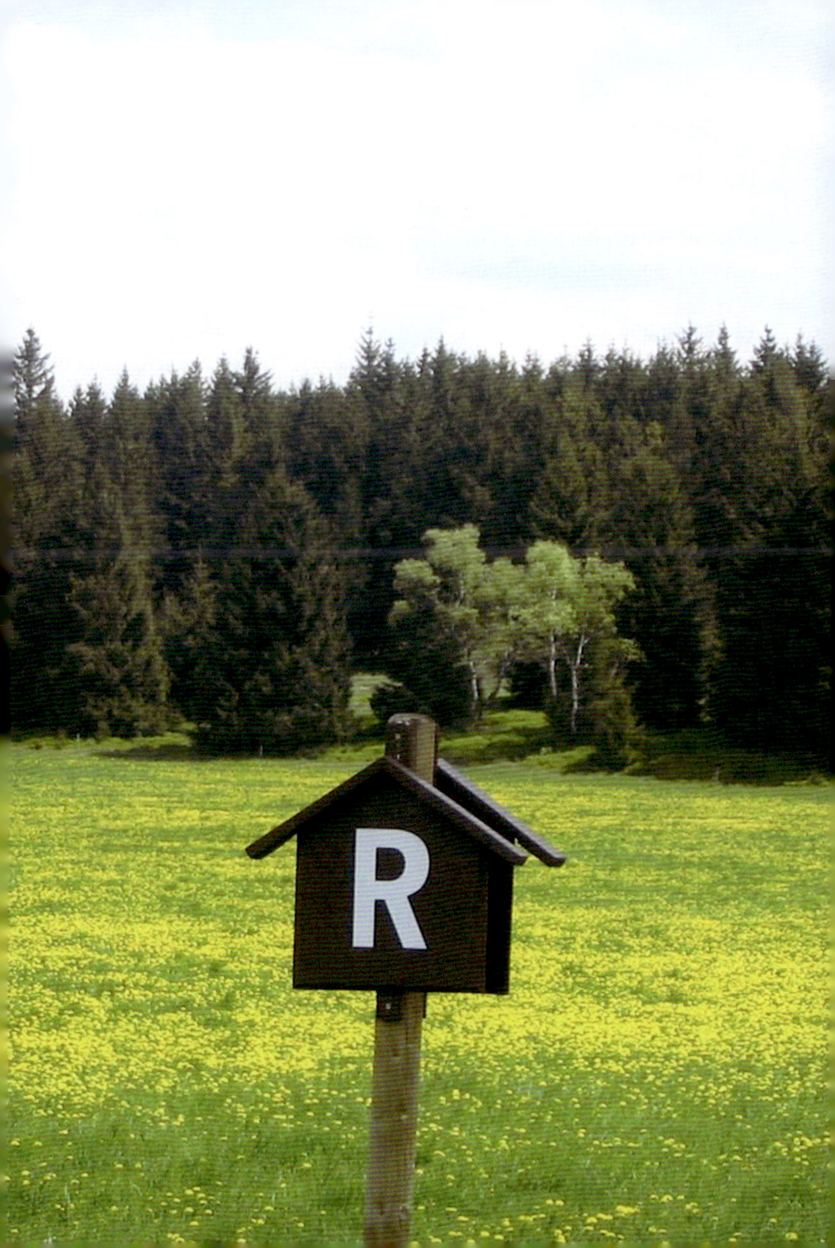
R

Geschichte und Rennsteigchronik

Der Rennsteig ist nicht nur der vermutlich bekannteste Fernwanderweg Deutschlands, sondern er ist gleichzeitig als jahrhundertealter Grenzweg sehr eng mit der deutschen Geschichte verbunden. Hier eine kleine Zeitreise in die Geschichte des Rennsteigs.

12.000-10.000 v. Chr.: Bereits in der Altsteinzeit gibt es in Thüringen menschliche Siedlungen. Diese lagen aber immer in den Niederungen und nie in den Höhenlagen des heutigen Thüringer Waldes.

Mitte 2. Jahrtausend v. Chr.: Von der Rhön aus dringt die Hügelgräberkultur nach Norden in den Thüringer Wald vor. Aus dieser Zeit zeugen die nach wie vor sichtbaren Grabhügel in den Wäldern bei Grub, Schwarza, Dietzhausen und Kühndorf.

11. Jh. v. Chr.: Im Werratal und im nordöstlichen Thüringen tritt zwischen Arnstadt und Saalfeld die Urnenfelderkultur in Erscheinung. Durch die Höhe des Thüringer Waldes bleiben die beiden Kulturen aber räumlich getrennt.

6. Jh. v. Chr.: In den mittleren Höhenlagen des Thüringer Waldes beginnt allmählich die Besiedlung. Die unterfränkische Gruppe der nordalpinen Hallstattkultur der älteren vorrömischen Eisenzeit überwindet bereits die Höhenlagen des Gebirges. Diese Kultur hinterlässt Grabhügel zwischen Meiningen und Hildburghausen.

5. Jh. v. Chr.: Von Südosteuropa aus dringen Kelten der La-Tène-Kultur nach Thüringen vor und errichten Fernhandelsstraßen auf dem Kamm des Thüringer Waldes. Die bekannteste Handelsstraße führte von Steinsburg bei Römhild über Henfstädt, Suhl, Oberhof und Crawinkel nach Arnstadt.

Um Chr. Geburt: Um die Zeitenwende siedeln sich germanische Siedler in Nordthüringen an.

2 Jh. n. Chr.: Die germanischen Siedler dringen bis in das Werratal vor. In dieser Zeit kommt es zu Kontakten mit dem Römischen Reich, was durch römische Münz- und Gefäßfunde in Südthüringen belegt ist.

2.-5. Jh. n. Chr.: Die Besiedlung des Thüringer Waldes nimmt stetig zu.

531 n. Chr.: Das Thüringische Königreich wird durch die Franken zerschlagen und dem Frankenreich einverleibt. Die Besiedlung der Höhenlagen nimmt weiter zu. Vor allem Benediktiner-, Prämonstratenser- und Zisterziensermönche errichten dort Klöster, bei denen sich später Siedlungen und Dörfer entwickeln.

843 n. Chr.: Das Frankenreich wird zerschlagen und das Deutsche Reich bildet sich heraus. Thüringen stellt die Ostgrenze des Deutschen Reichs dar.

9. Jh. n. Chr.: Erste Urkunden beschreiben die Kammlinie als Wildbahn- und Markgrenze.

10.-13. Jh. n. Chr.: In den Urkunden zur Gründung der Klöster Reinhardsbrunn (1039) und Georgenthal (1270) wird eine „platea“ (eine Straße) erwähnt, die der Kammlinie im nordwestlichen Teil des Thüringer Waldes folgt. In dieser Zeit werden auch in den Hochlagen des Thüringer Waldes große Areale gerodet, um Dörfern und Siedlungen Platz zu machen.

10.8.1330: Der Rennsteig wird erstmalig als „Rynnestig“ im sogenannten „Frankensteiner Kaufvertrag“, einer in Schmalkalden erstellten und unterschriebenen Urkunde, erwähnt. Mit diesem Kaufvertrag traten die Herren von Frankenstein ihre Lehen vom Kloster Hersfeld an den Grafen Berthold von Henneberg ab. Der „Rynnestig“ dient in diesem Vertrag zweimal als Grenzpunkt-Beschreibung für die Linie Kissel, Inselsberg und Großer Jagdberg. Der Begriff „Rynnestig“ könnte in dieser Urkunde zwei Bedeutungen haben. Im Mittelhochdeutsch, das zu damaliger Zeit gesprochen wurde, hat „rinnen“ die Bedeutung von „laufen, rennen“ und „stîg, steig“ die Bedeutung von „ansteigender Pfad“. Ein als „Rynnestig“ bezeichneter Pfad wäre demnach ein ansteigender Pfad in einem Gebirgszug, auf dem man sich schnell fortbewegen kann. Wird der erste Teil des Wortes hingegen von „rain“ abgeleitet, was „Grenze“ bedeutet, so ist ein „rynnestig“ ein ansteigender Pfad in einem Gebirgszug, der als Grenze fungiert.

1513: Der älteste Grenzstein des Rennsteigs, der Kurfürstenstein, wird gesetzt.

1578: Der heute bekannte Begriff „Rennsteig“ wird erstmals verwendet, allerdings nur für ein Teilstück des heutigen Rennsteigs.

1589: In einer handgezeichneten Karte der Herrschaft Schmalkalden wird die Grenze der Zent Botterode als „Renstick“ bezeichnet.

1597: In einem geheim gehaltenen schwarzburgischen Bericht wird ein Höhenweg erwähnt, der aus Hessen kommend über den Kamm des Thüringer Waldes und des Frankenwaldes bis nach Böhmen führt.

1618-1648: Im Dreißigjährigen Krieg ziehen mehrfach Heere über die gut ausgebauten Heer- und Handelsstraßen des Thüringer Waldes.

Sep/Okt 1631: Der Rennsteig wird zwischen Ilmenau und Schleusingen zweimal vom Schwedenkönig Gustav Adolf überquert.

Nach 1648: Aufgrund der Aufteilung des Landes in zahllose kleine Fürstentümer nach dem Dreißigjährigen Krieg wird der Rennsteig in vielen Urkunden als Grenze erwähnt. Als Resultat dieser Aktivitäten konnten im 20. Jahrhundert noch mehr als 1.300 Grenzsteine gezählt werden. Der älteste ist von 1513 (s. o.) und die jüngsten aus dem 20. Jahrhundert.

Trafen drei Fürstentümer aufeinander, wurden sogenannte „Dreiherrensteine“ gesetzt. Heute sind noch 13 dieser Dreiherrensteine auf dem Rennsteig zu finden. Zu den Hochzeiten der Zersplitterung gab es sogar „Vierherrensteine“ von denen heutzutage allerdings keiner mehr existiert.

1649: Ernst der Fromme (Herzog von Sachsen-Gotha-Altenburg) beginnt im Forst von Frauensee im Werratal mit der Rennsteigforschung.

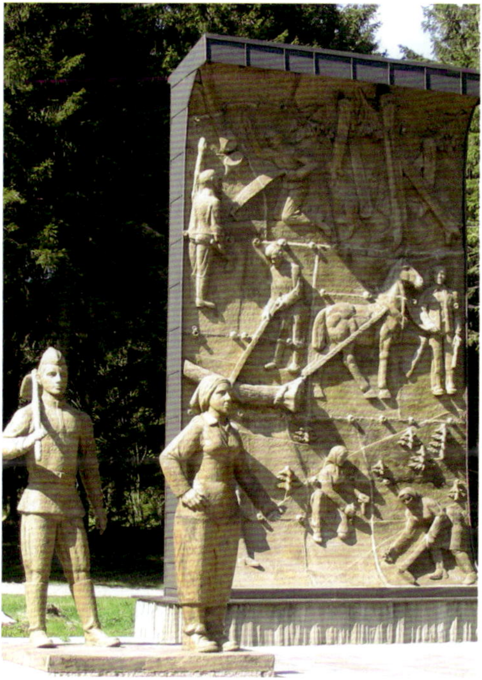
Forstarbeiterdenkmal Oberhof (3. Etappe)

1654: Ernst der Fromme erteilt seinen Forstleuten den Auftrag, den Rennsteig vom Großen Dreiherrenstein bei Neustadt bis nach Böhmen zu errichten.

1656: Der von Ernst dem Frommen beauftragte Hans Schultze erstattet dem Herzog Bericht über einen möglichen Rennsteig bis nach Böhmen.

1661-1663: Die Forstleute Ernsts des Frommen bereiten den von Hans Schultze erkundeten Rennsteig bis nach Böhmen.

1666: Basierend auf dem Bericht von Hans Schultze und den Beobachtungen seiner Reiter schickt Ernst der Fromme erneut Reiter aus. Diesmal wird mit exakten Vorgaben der Westen durch den Forstmeister David Schmidt aus Georgenthal und der Osten durch den Forstknecht Martin Nees aus Unterneubrunn beritten.

1703: Basierend auf den Berichten Ernsts des Frommen erstellt der herzogliche Historiograph Christian Juncker die erste vollständige Rennsteigbeschreibung: „Von den Hauptstraßen über den Thüringer Wald, ... insbesondere von dem sogenannten Renn- oder Reinsteig“. Sein Werk enthält allerdings einige Fehler und Verwechslungen, was darauf hindeutet, dass er den Rennsteig selber nie gegangen ist. Aus Geheimhaltungsgründen bleibt das Werk Junckers allerdings ungedruckt, wodurch der Rennsteig in Vergessenheit gerät.

1732: Das in Leipzig erscheinende „Allgemeine Historische Lexikon“ bezeichnet den Rennsteig als einen „berühmten Weg durch den ganzen Thüringer Wald bis an den Böhmischen Wald“.

1794: Der Meininger Geologe L. Heim weist in seinem Buch über den Thüringer Wald auf den Rennsteig hin. Da allerdings der exakte Anfangs- und Endpunkt sowie eine genaue Wegbeschreibung fehlen, wurden seine Hinweise kaum berücksichtigt.

1796: Bei dem Versuch, den Rennsteig zu bereisen, findet Herzog Carl August von Sachsen-Weimar kaum jemand, der den Namen und den exakten Verlauf des Rennsteigs kennt.

1796: Herzog Carl August von Sachsen-Weimar lässt zwei Denkschriften mit dem Titel „Zur Verteidigung Thüringens“ erstellen, in denen er vorschlägt, den Thüringer Wald „in Richtung des Laufes des höchsten Gebirges zu verhauen“ (= befestigen) und dahinter einen „Kommunikationsweg“ von der Ruhl bis Stützerbach anzulegen.

1807: In dem ersten Reisewerk von Karl Ernst Hoff und Wilhelm Jacobs („Der Thüringer Wald, insbesondere für Reisende geschildert“) wird der Rennsteig erwähnt. Da beide Autoren allerdings, genauso wie L. Heim vorher, genaue Angaben zu dem Anfangs- und Endpunkt sowie dem exakten Verlauf des Rennsteigs vermissen lassen, bleibt der Weg weiterhin ziemlich unbekannt.

1813: Der russische Zar überquert auf seinem Weg von Arnstadt nach Frankfurt den Rennsteig.

1830: Der gothaische Offizier Julius von Plänckner wandert die 168,3 km lange Strecke von Blankenstein nach Hörschel. Anschließend verfasst er die erste genaue Wegbeschreibung des Rennsteigs. Als eigentlichen Rennsteig benennt er in seinem Bericht die 145,3 km lange Strecke von Rodacherbrunn zum Förthaer Stein. Die 14,3 km lange Strecke Blankenstein – Rodacherbrunn und die 8,5 km lange Strecke Förthaer Stein – Hörschel bezeichnet er als „Fortsetzungen, wenngleich nicht unter diesem Namen bekannt“. Sein Bericht wird als die Geburtsstunde der touristischen Rennsteigliteratur und Rennsteigwanderung definiert.

1832: In seinem „Taschenbuch für Reisende durch den Thüringer Wald“ übernimmt Herzog die Beschreibung Plänckners wörtlich und ergänzt sie durch die erste Karte, die den gesamten Rennsteig von der Werra bis zur Saale zeigt.

1856: Bei Steinbach am Wald wird ein Obelisk errichtet, der den Rennsteig als Wasserscheide zwischen Elbe und Rhein markiert.

1862: Das Rennsteigbuch Alexander Zieglers mit neuen Kenntnissen über den westlichen Rennsteig erscheint.

1863: Scheffel veröffentlicht sein Rennsteiggedicht (☞ Rennsteiggedicht).

1867: Basierend auf einer handgezeichneten Karte aus dem Jahr 1589 und der Grenzwegtheorie definiert der Sachsen-Meiningische Landeskundler Georg Brückner die 13,6 km lange Strecke vom Großen Weißenberg nach Herrenbreitungen als Rennsteig. Dieses Wegstück wird heutzutage als „Brückner oder Ur-Rennsteig“, teilweise auch als „Breitunger Rennsteig“, bezeichnet.

11.10.1885: Auf der Hauptversammlung des Vereins für Thüringische Geschichte und Altertumskunde hält Prof. Fritz Riegel in Weimar einen Vortrag, in dem er die Grenzwegtheorien von Rückert, Ziegler und Brückner negiert. Als urkundlich belegbaren Rennsteig erkennt er nur die Strecke Ker Häuschen – Großer Dreiherrenstein an. Des Weiteren bestreitet er, dass vor den Erkundungen Erich des Frommen ein durchgängiger Rennsteig nicht

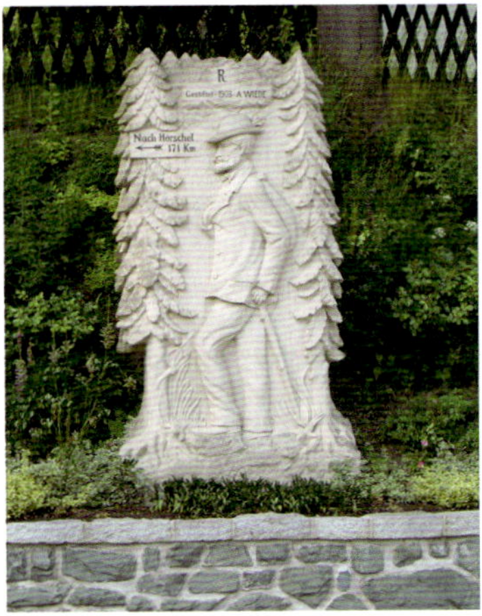

August Trinius (8. Etappe)

nachzuweisen sei. Mit den Arbeiten zu seinem Vortrag und dem Vortrag selbst wird Prof. Fritz Regel zum Begründer der neueren wissenschaftlichen Rennsteigforschung.

1885: Die Forstverwaltung Sachsen-Meiningens beginnt mit der Markierung des Rennsteigs mit einem großen, weißen „R".

1889: Die erste touristische Rennsteigwanderung wird von August Trinius vorgenommen.

1890: Das Buch „Der Rennsteig, eine Wanderung von der Werra bis zur Saale" von August Trinius erscheint und löst einen Rennsteig-Wander-Boom aus.

1890: Roßner wandert den Rennsteig. Zwei Jahre später erscheint eine Veröffentlichung von ihm, in der er das weiße „R" erstmals als „Mareile" bezeichnet („Mareile" stammt von Marie, der schönen Tochter des Wirtsehepaars des Waldhauses Waidmannsheil).

1891: Die erste Rennsteigbeschreibung von Juncker aus dem Jahr 1703 wird, ergänzt mit eigenen sachkundigen Kommentaren, erstmals vollständig von Paul Mitzschke herausgegeben.

3.10.1892: Im Gästebuch vom Waldhaus Waidmannsheil hinterlässt Prof. Ludwig Hertel den Aufruf zur Gründung eines Rennsteigvereins.

1894: Im Rahmen von Kartierungsarbeiten wird der Rennsteig mehrfach begangen und die Grenzsteine in vorhandene Messtischblätter eingezeichnet. Daraufhin beschließt der Thüringerwald-Verein die Herausgabe einer „Thüringer Routenkarte".

1896: Die „Thüringer Routenkarte“ erscheint und enthält mit besonderer Markierung den Rennsteig sowie den Junckerschen und Brücknerschen Rennsteig.

24.5.1896: Im Waldhaus Waidmannsheil wird von elf Gründungsmitgliedern der Rennsteigverein unter Führung von Prof. Ludwig Hertel gegründet. Der Verein markiert den Anfangspunkt (Blankenstein) und den Endpunkt (Hörschel) von Pläncknerś Wanderung.

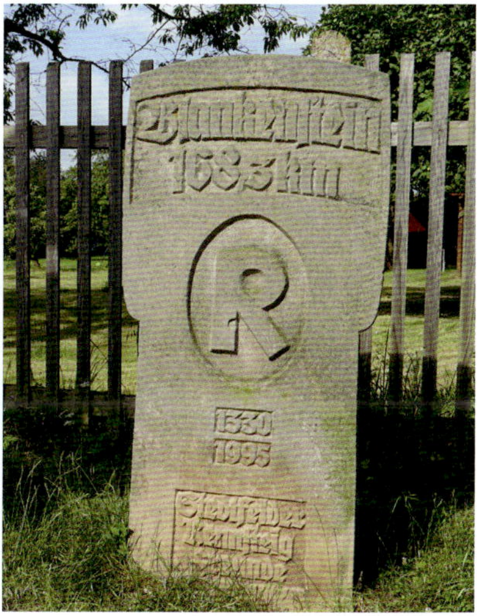

Startpunkt Hörschel

1896: Prof. Johannes Bühring und Ludwig Hertel geben den ersten „Rennsteigführer“ mit Wegekarte und Höhenprofil heraus. – Am Großen Herrenstein wird dessen dreihundertjähriges Jubiläum gefeiert. – Der Rennsteigverein verschickt an 282 Wander-, Heimat- und Geschichtsvereine in Deutschland, Österreich, der Schweiz und dem Baltikum Fragebögen, um Informationen über vorhandene Rennsteige, Rennwege oder Rainstiege zu sammeln.

1897: Die Zwischenauswertung der Fragebogenaktion ergibt die Existenz von 121 als Rennsteig, Rennweg oder Rainstieg bekannten Wegen. Das erste Exemplar der gedruckten Vereinszeitschrift „Mareile“ des Rennsteigvereins erscheint im Juni.

1898: Die Plänckner Aussicht am Großen Beerberg wird eingeweiht. – In Blankenstein wird im August der hölzerne Rennsteigmönch, der Vorläufer des heutigen steinernen Rennsteigwanderers, eingeweiht. – Das Buch „Rennsteig als Reiseziel“ von Prof. Johannes Bühring wird vom

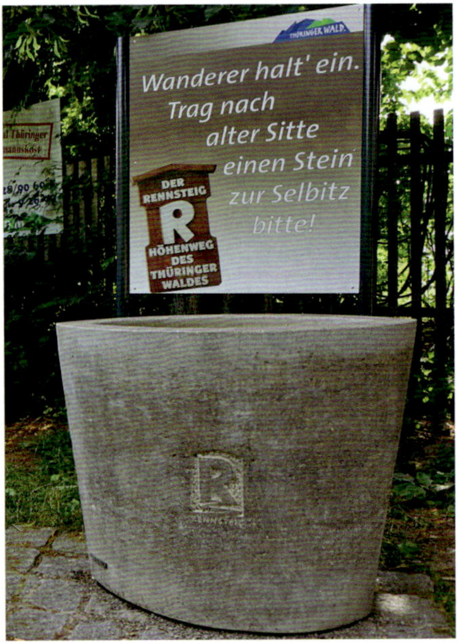

Rennsteigbeginn Hörschel

Rennsteigverein herausgegeben. – An der ersten offiziellen „Pfingstrunst Blankenstein – Hörschel“, die in sechs Tagesetappen absolviert wird, nehmen acht Personen teil.

1899: Die Endauswertung der Fragebogenaktion wird von Hertel unter dem Titel „Die Rennsteige und Rennwege des deutschen Sprachgebiets“ in Buchform herausgegeben.

1900: „Gut Runst!“ („Runst“ kommt von „rennen“) wird als Rennsteiggruß eingeführt.

1902: Auf dem Wetzenstein wird ein Aussichtsturm mit Namen „Bismarckturm“ eingeweiht.

1903: Der Rennsteig wird von Prof. Johannes Bühring bewandert, der die exakte Länge mit einem Prentzschen Handmessrad bestimmt. Er gibt die Länge des Rennsteigs mit 171,440 km an. – Anstelle des inzwischen verwitterten hölzernen Rennsteigmönchs wird der Rennsteigwanderer in Blankenstein eingeweiht. – Der Rennsteigverein ist inzwischen auf 242 Mitglieder angewachsen, von denen 64 das Ehrenschild für die erfolgreiche zusammenhängende Rennsteigwanderung erworben haben. – Prof. Bühring veröffentlicht einen Überblick über alle 13 am Rennsteig bzw. in dessen Nähe befindlichen Dreiherrensteine, allerdings ohne Angabe, ob diese Dreiherrensteine noch existieren oder nicht.

22.1.1905: In Oberhof wird der Thüringer Wintersportverband gegründet.

3.2.1906: Vom Großen Inselsberg nach Oberhof findet das erste Skirennen auf dem Rennsteig statt. Die Strecke beträgt 30 km.

22.-29.1.1907: Von den Erfurtern Stark und Rudolph wird der Rennsteig erstmals auf Skiern von Hörschel nach Steinbach bewandert.

1908: Der Brücknersche Rennsteig (der Begriff „Breitunger Rennsteig" ist ein Synonym), das heißt der Abschnitt Große Weißenberg – Klingenberg/Eichicht im nördlichen Teil des Rennsteigs, wird erstmalig begangen und von da an bis in die 50er-Jahre regelmäßig von Rennsteigfans erwandert. Die zweite Variante, der Nees-Rennsteig von Hirschberg/Saale über Sparnberg, Blankenstein, Krötenmühle und Jägersruh nach Rodacherbrunn, wird in den Folgejahren ebenfalls beschrieben und erstbegangen.

19.4.1909: In Leipzig hält Clemens Thieme, der Erbauer des Völkerschlacht-Denkmals, den ersten Lichtbildvortrag über den Rennsteig.

19.4.1910: Der erste Vorsitzende des Rennsteigvereins Prof. Ludwig Hertel stirbt in Hildburghausen.

22.-23.5.1913: Max Rabel stellt mit 32 Std. 45 Min. (reine Gehzeit mit einer Übernachtung) für die Erwanderung des Rennsteigs einen ersten Rekord auf.

1913: Die Rennsteigbahnlinien Allzunah – Frauenwald und Ernstthal – Neuhaus am Rennweg werden eröffnet.

30.12.1913-5.1.1914: Fünf Personen unternehmen die erste offizielle Ski-Runst von Hörschel nach Grumbach.

1914: Die Skiabteilung des Rennsteigvereins wird gegründet.

1915: Der Rennsteigverein gibt eine neue fünfteilige Rennsteigkarte mit geologischem Profil heraus.

August 1920: Die erste Rennsteig-Runst nach dem Ersten Weltkrieg wird durchgeführt.

Februar 1922: Der aus 10 Teilstrecken bestehende 100-km-Skistaffellauf vom Ehrenmal des Rennsteigvereins am Glöckner bis zum Gefallenen-Ehrenmal des Thüringer Wintersportvereins findet erstmalig statt.

6.-8.1.1923: Der komplette Rennsteig wird von Gustav Räther aus Erfurt mit Skiern in der Rekordzeit von 28 Std. 27 Min. (reine Gehzeit mit zwei Übernachtungen) bewältigt. Dieser Rekord hält 75 Jahre.

1929: „Des Rennsteigs steinerne Chronik" von Prof. Johannes Bühring erscheint.

1935: Auf der Ebertswiese wird das Berggasthaus gebaut.

1945/1946: Nach dem Zweiten Weltkrieg wird der Rennsteigverein von der sowjetischen Besatzungsmacht verboten.

1950: Herbert Roth aus Suhl schreibt das ☞ Rennsteiglied.

15.4.1951: In Hirschbach feiert das Rennsteiglied anlässlich der „Suhler Volksmusik" Premiere.

1961: Im Rahmen der „Sicherung der DDR-Westgrenzen" wird der Rennsteig am Förthaer Stein und am Gefallenen-Ehrenmal bei Ernstthal zum Grenzsperrgebiet erklärt. Da zusätzlich 14 km des klassischen Rennsteigs in Bayern verlaufen, bleibt als der „offizielle DDR-Rennsteig" nur die rund 120 km lange Strecke zwischen dem Clausberg bei Eisenach und Ernstthal östlich von Neuhaus übrig.

1967: Das Rennsteiggebiet wird zum „Landschaftsschutzgebiet Thüringer Wald“ erklärt. In dieser Region sind bis heute noch zahlreiche Stellen als Naturschutzgebiet gekennzeichnet, an denen das Verlassen des Wegs nicht gestattet ist.

1970: Die Ortsgruppe Zapfendorf erhält von der DDR-Führung den Auftrag, die Interessen des Gesamt-Rennsteigvereins zu vertreten. – Eine erneute Zählung der als Rennsteig, Rennweg oder Rainstieg bekannten Wege ergibt mehr als 220 (inklusive zahlreicher seit Jahrhunderten nicht mehr benutzter Flurnamen).

1971: Die Idee eines Langstreckenlaufs wird geboren. Vier Teilnehmer laufen auf dem Rennsteig eine Strecke von über 85 km.

Mai 1973: Der erste GutsMuths-Rennsteiglauf findet statt. Die Leistungsstrecke verläuft von der Hohen Sonne bei Eisenach über 75 km bis nach Schmiedefeld. Schmiedefeld ist ebenfalls das Ziel für eine kürzere Variante (45 km), die in Neuhaus beginnt.

1975: Der GutsMuths-Rennsteiglauf führt über die 80 km lange Strecke von Heuberg nach Neuhaus. An diesem Rennen nehmen erstmals mehr als 1.000 Läuferinnen und Läufer teil.

1983: Der Rennsteig wird Teil des ersten grenzüberschreitenden ostmitteleuropäischen Fernwanderwegs, des „Internationalen Bergwanderweges der Freundschaft“ von Eisenach nach Budapest. Er durchquert Deutschland, Tschechien und die Slowakei (damals noch CSFR) sowie Ungarn. Dieser europäische Fernwanderweg ist heutzutage mit dem blauen Andreaskreuz auf weißem Grund gekennzeichnet (☞ Wegmarkierung). Dies ist auch der Grund, weshalb von der Hohen Sonne bei Eisenach bis nach Neuhaus am Rennweg nicht nur das bekannte weiße „R“, sondern auch das blaue Andreaskreuz den Weg weist.

1984: Die Wappensteine am Schönwappenweg werden restauriert.

1986: Zum 90-jährigen Bestehen des Rennsteigvereins erscheint eine Sonderausgabe von „Das Mareile".

28.4.1990: An der innerdeutschen Grenze werden die Grenzzäune zwischen Brennersgrün und Spechtsbrunn geöffnet, wodurch die erste grenzüberschreitende Wanderung auf dem Rennsteig nach dem Zweiten Weltkrieg gefeiert werden kann. Anlässlich dieses Ereignisses erscheint eine Gedenkmünze.

1991: In Hörschel und Blankenstein setzt der GutsMuths-Rennsteiglaufverein Gedenksteine für Julius Plänckner. – Die erste organisierte Pfingst-Runst von Blankenstein nach Hörschel seit dem Ende des Zweiten Weltkriegs findet statt.

1991-1997: Der Rennsteig wird auf zahlreichen Teilstücken den Gegebenheiten angepasst: An mehreren Stellen im Bereich des Grenzsperrgebiets wird der Rennsteig wieder auf seiner Originaltrasse geführt. Andererseits werden an Strecken, auf denen der Rennsteig über Straßen führt, parallel zur Straße im Wald Wege markiert. Insgesamt erhält der Rennsteig mit diesen Maßnahmen seinen ursprünglichen Charakter als Wanderweg zurück.

12.-13.6.1993: In der neuen Rekordzeit von 28 Std. 18 Min. (reine Gehzeit mit einer Übernachtung) wandert der Pößner Hans-Joachim Stoyan von Hörschel nach Blankenstein.

29.-30.4.1994: Von sechs Teilnehmern (u. a. von dem Erfurter Olympiasieger Hartwig Gauder) wird der Rennsteig erstmals in einem Stück ohne Übernachtung in der Zeit von 37 Std. 21 Min. begangen.

13.-14.5.1995: Dieter Rathmann (Schmalkalden) und Karl-Heinz Holland-Nell (Steinbach-Hallenberg) erlaufen den Rennsteig von Hörschel nach Blankenstein ohne Übernachtung in der neuen Rekordzeit von 20 Std. 39 Min. 40 Sek.

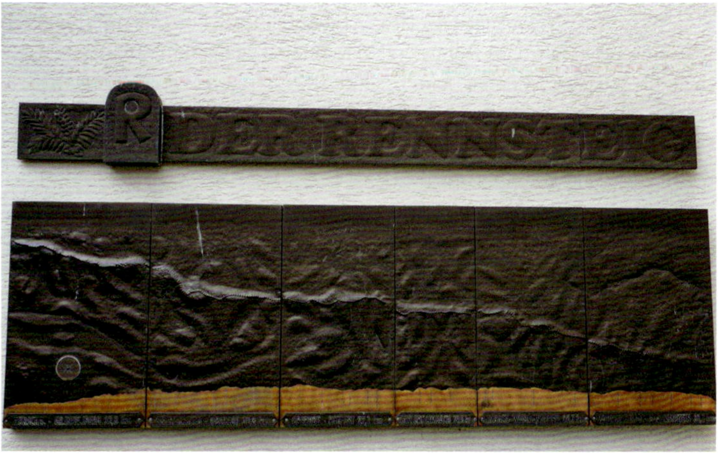

Rennsteigrelief in Hörschel

1.6.1996: Der thüringische Ministerpräsidenten Dr. Bernhard Vogel eröffnet das Rennsteigwanderhaus in Hörschel.

23.-24.12.1997: Der Schmalkalder Dieter Rathmann führt im Alleingang eine Winterbegehung des gesamten Rennsteigs zwischen Blankenstein und Hörschel durch und benötigt dafür 27 Std. 17 Min.

7.-8.2.1998: Nach zahlreichen erfolglosen Versuchen in den vorhergehenden 75 Jahren lässt der Winter 1997/1998 erstmals wieder eine Gesamtüberquerung des Rennsteigs auf Skiern zu. Ohne Übernachtung benötigt der Hohenwarter Rainer Selch für die gesamte Strecke zwischen Hörschel und Blankenstein 17 Std. 15 Min. und bricht damit den seit 75 Jahren bestehenden Rekord von Gustav Räther.

25.4.1999: Auf dem Eselsberg bei Masserberg wird von den Zeitzer Berg- und Wanderfreunden die neue Paul-Clingestein-Gedenktafel angebracht.

15.4.2001: Das Rennsteiglied feiert seinen 50. Geburtstag.

8.6.2001: Am Dreiherrenstein Hoher Lach beginnt die erste amtliche Vermessung des Thüringer Rennsteigs durch das Katasteramt Neuhaus, nachdem in den vergangenen Jahren schon Vermessungsversuche des Rennsteigvereins gescheitert waren, da sie nicht anerkannt werden sollten. Interessant ist dieses Vorhaben v. a. wegen der zahlreichen Varianten im südlichen Teil des Rennsteigs.

02.8.2002: Der klassische Rennsteigverlauf wird mit Beginn dieses Tages neu vermessen. Nach mehreren Monaten Arbeit liegt 2003 das Ergebnis vor: Der Rennsteig ist einen knappen Kilometer länger als die 168,3 km. An dieser traditionellen Kilometerangabe wurde deswegen aber nicht „gerüttelt".

Mai 2008: Der Rennsteig wird mit dem Zertifikat „Qualitätsweg Wanderbares Deutschland" ausgezeichnet. Die Zertifizierung behält er für drei Jahre.

August 2011: Der Autor dieses Buches – selbst Wahlthüringer – erwandert den Rennsteig an einem Stück ohne Schlafpause und hängt ab Blankenstein noch 63 km des Frankenweges bis kurz vor Kronach dran.

Das Rennsteiglied

Während Herbert Roth auf ein Interview beim Sender Weimar wartete, schrieb er 1950 das Rennsteiglied, die „Hymne" der Renner. Am 15.4.1951 wurde in Hirschbach im Rahmen der „Suhler Volksmusik" das Rennsteiglied erstmals öffentlich präsentiert.

Das Rennsteiggedicht

Das Rennsteiggedicht wurde 1863 von Victor von Scheffel geschrieben. Scheffel wurde am 16.2.1826 in Karlsruhe geboren, studierte von 1843 bis 1847 Jura in München, Heidelberg und Berlin und arbeitete im Anschluss an sein Studium bis 1853 als promovierter Jurist im Staatsdienst. Dann unternahm er Reisen als freier Schriftsteller und Maler (in dieser Zeit entstanden über 380 Zeichnungen, Skizzen und Vorlagen).

Während seiner Reisen arbeitete er mehrfach als Bibliothekar: von 1857-1859 in Donaueschingen, 1863 bei Freiherr von Laßberg in Meersburg und beim Großherzog von Sachsen-Weimar auf der Wartburg. Die Wandlung zum Dichter hat sich während dieser Zeit vollzogen. Anlässlich seines 50. und 60. Geburtstags gab es in ganz Deutschland verschiedene Ehrungen. Bad Säckingen und viele weitere Städte verliehen ihm die Ehrenbürgerwürde. Scheffel starb am 9.4.1886 in Karlsruhe.

Der Rennsteig
(Victor von Scheffel, 1863)

Das war ein Ritt – lass dir von ihm berichten –
ein Ritt auf wilder, moosverstrüppter Bahn
Es galt des Forstmanns friedlich heitern Pflichten,
und Heldentaten wurden nicht getan.
Doch wem der Heimat reine Lüfte teuer,
wer grüne Farbe über alles hält,
der fragt nicht viel nach Kampf mit Ungeheuer,
nach Lorbeerkronen welscher Fabelwelt.
Vergnügt, wenn ihm sein täglich Brot bescheret
und jener Harzduft, der die Seele nähret.

Wir trabten aus – getreue Waldespfleger,
die Henneberger, die des Abts von Fuld,
und andere mehr, bestand'ne Meisterjäger,
wie sie berief verschiedner Landherrn Huld.
Auf Bergesscheiteln läuft ein alt Geleise,
oft ganz bedeckt vom Farnkrautüberschwang;
– schickt sich der Storch zum siebtenmal zur Reise,
so neut sich dort des Nachbarn Grenzbegang.
In Forst und Jagd gilt's, Zweiungen zu einen
und neu die Mark zu zeichnen und zu steinen.

Kein steinern Pflaster, drauf die Römer zogen,
wie es mein Aug' im Heil'gen Land erschaut,

mit Meilenzeigern, Wasserleitungsbogen,
mit Grabdenkmalen, Brücken reich umbaut.
Ein deutscher Bergpfad ist's! Die Städte flieht er
und keucht zum Kamm des Waldgebirgs hinauf,
durch Laubgehölz und Tannendunkel zieht er
und birgt im Dickicht seinen scheuen Lauf.
Das Eichhorn kann von Ast zu Ast sich schwingen,
soweit er reicht, und nicht zum Boden springen.

Der Rennsteig ist's, die alte Landesscheide,
die von der Werra bis zur Saale rennt
und Recht und Sitte, Wildbahn und Gejaide
der Thüringer von dem der Franken trennt.
Du sprichst mit Fug, steigst du auf jenem Raine:
Hie rechts, hie links! Hie Deutschlands Süd, dort Nord ...
Wenn hie der Schnee schmilzt, strömt sein Guss zum Maine,
was dort zu Tal träuft, rinnt zur Elbe fort.
Doch auch das Leben weiß den Pfad zu finden,
was Menschen trennt, das muss sie auch verbinden.

Verscholl'ner Völker dunkle Wanderungen,
Kampf um den Landhag ... Überfall und Fluch ...
Kriegswiese ... Mordfleck ... Richtstatt: manch verklungen
Geheimnis schwebt um Höhensaum und Schlucht.
Und wer zu hören weiß in frommem Lauschen,
wie herrlicher als Lied und Kunstgedicht
in stundenlangem, leisem Wipfelrauschen
des Waldes Seele mit sich selber spricht,
der muss, wenn sommerliche Lüfte wehen,
auf diesem Stieg als Wandrer sich ergehen.

O Lust, die grüne Wildnis zu umkreisen!
Ich war als Obmann für den Zug gewählt
und trug den Handschuh, feierlich zu weisen,
wo sich ein Markstein findet, wo er fehlt.

Oft ritten Stunden wir und ritten Meilen
und trafen keine Hütte, keinen Herd.
Oft ließen wir die Rosse, und mit Beilen
ward dicht Gesträuch gerodet und geklärt.
Auch schreckte in der Quellschlucht Nebelfeuchten
verfaulter Stämme nächtlich Irrlicht leuchten.

Und als wir kamen ab der Hohen Leite,
dem Donnershaugk, der Zeller Loibe nah,
wie dehnte sich in unermessner Weite
blaufernem Glanz vor uns die Landschaft da!
Dann hob der Ruppberg sich, der gipfelbloße,
und des Gebrannten Steins verwitternd Haupt,
der Kleine Dolmar, kraftvoll wie der Große, der
Hermannsberg, von Buchen grün umlaubt.
Zu Füßen tief – im Nebel tauig dämmernd –
der Schönaugrund, hufschmiedend, eisenhämmernd.

Dort im Gewirr der nah' und fernen Rücken
erkannt ich auch den hohen Stiller Stein
und sah gerührt mit heimatfreud'gen Blicken
in meiner Kindheit raues Land hinein.
Wer kennt das Strohdachdörflein in dem Tale,
durch das die Stille zur Schmalkalde fließt?
's ist meine Hauptstadt! Leider eine kahle,
wo Hirse nur und dünner Hafer sprießt.
Bleib ihr als einz'ger Schatz denn unentweiht
das Glück zufriedner Abgeschiedenheit!

Und als wir kamen zum Dreiherrensteine,
briet schon am Spieß das Reh, das wir erlegt,
am Steintisch ward im traulichen Vereine
im Namen der drei Herrn des Mahls gepflegt.
Und da geschah, nach Brauch der Nachbarmärker,
dass jeder Gast auf eigner Hoheit saß,

und doch der Thüring und der Henneberger
mit dem von Fuld aus einer Schüssel aß.
„In strengen Rechten Nachbarschaft und Frieden!“
So ward's durch dieses Sinnbild uns beschieden.

Viel Volks war unsrer Mahlzeit zugelaufen,
als wär's ein heidnisch Götzen-Opferfest,
sie lagerten im Gras in bunten Haufen
und schmausten des gebrat'nen Rehbocks Rest.
Und mit dem Handschuh winkt ich sie zum Kreise:
„Als wär zur Stund ein Waldgericht gehegt,
sei jedem jetzt nach Weidmannszeugnisweise
des Tags Bedeut sein Lebtag eingeprägt!
Wir Förster schreiben ungern mit der Feder,
doch unsre Zeichenschrift versteht ein jeder!“

Die Knaben zupft ich weidlich an den Ohren,
den Mannen fuhr ich raufend durch den Bart
und sprach: „Nun merkt, als sei es frisch beschworen,
wie hier der Rennstieg frisch bestätigt ward!
Doch merket auch, dass wie wir drei im Frieden
am gleichen Stein das gleiche Mahl verzehrt,
ihr drüben, wie wir hüben, ungeschieden
dem gleichen Volk als Brüder angehört:
Ein Deutschland nährt den Thüring, Hessen, Franken,
und echter Liebe setzt kein Markstein Schranken!“

Der Rennsteigverein

Am 3.10.1892 rief Prof. Ludwig Hertel im Gästebuch vom Waldhaus Weidmannsheil zur Gründung eines Rennsteigvereins auf. Bis es so weit war, sollten allerdings noch einige Jahre ins Land gehen. Erst am 24.5.1896 fanden sich im Waldhaus Waidmannsheil elf Gründungsmitglieder zusammen, die unter Führung von Prof. Ludwig Hertel den Rennsteigverein ins Leben riefen. Bis heute kümmert sich der Verein intensiv um Pflege und

Erhalt des Rennsteigs, was auch durch die Verleihung der Eichendorff-Plakette gewürdigt wurde.

Nachdem der Rennsteigverein mit Ende des Zweiten Weltkrieges von der sowjetischen Besatzungsmacht verboten wurde, erhielt die Ortsgruppe Zapfendorf 1970 von der DDR-Regierung den Auftrag, „die Interessen des Gesamt-Rennsteigvereins zu vertreten“. Aus diesem Grund ist auch heute noch der Rennsteigverein in Zapfendorf ansässig.

Seit der Wiedervereinigung koordiniert der Rennsteigverein zahlreiche Aktivitäten. Auch Fragen rund um den Rennsteig können an den Rennsteigverein gerichtet werden:

♦ Rennsteigverein 1896 e. V., Gartenstr. 13, 96199 Zapfendorf, ☏ 095 47/17 64, www.rennsteigverein.de, info@rennsteigverein.de

Vom Rennsteigverein wird auch eine Vereinszeitung herausgegeben: „Das Mareile“. Namensgebend war die Tochter des Wirts der Waldgastschänke Waidmannsheil, Marie Sauer (2.2.1871-12.1.1960). Erstmals 1897 von Ludwig Hertel aufgelegt, wurde der Druck des „Boten des Rennsteigvereins“ zusammen mit dem Verein selbst nach dem Zweiten Weltkrieg von der sowjetischen Besatzungsmacht verboten. Nach der Wiedervereinigung wurde „Das Mareile“ 1994 wiedergegründet.

♦ „Das Mareile“, Mitteilungsblatt des Rennsteigvereins 1896 e. V., herausgegeben durch den Vorstand, Erscheinungsweise vierteljährlich, Auflage 1.000 Exemplare, direkte Zusendung an Mitglieder im Jahresbeitrag enthalten, Einzelbezug ist für € 2,60 inkl. Porto auch über die Geschäftsstelle möglich.

Flora und Fauna

Flora

Während die Landschaft Thüringens mit gut 1.500 Pflanzenarten botanisch relativ vielfältig ist, bietet das Rennsteiggebiet eine eher weniger variable Vegetation. Die Vielfalt nimmt ab, der Anteil der Wälder und Forste nimmt auf 50 % (bis teilweise 70 %) zu und zeigt eine charakteristische Mittelgebirgsvegetation: Typisch für den Thüringer Wald ist die geschlossene Waldbedeckung mit ihren kleinflächigen Unterbrechungen durch Bergwiesen und Siedlungsräume.

Nur der nordwestliche Anfangspunkt des Rennsteigs zwischen Hörschel (⇧ 196 m) und Hohe Sonne (⇧ 434 m) bei Eisenach präsentiert sich auch heute noch als ein Gebiet mit Eichen-Buchenwäldern.

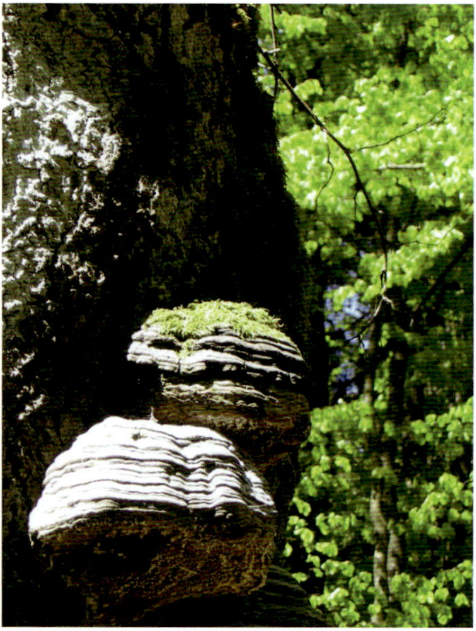

Schwammbewachsener Baum

Von der Hohen Sonne bis zur Ebertswiese (⇧ 710 bis 790 m) erstreckt sich auf einer Länge von etwa 29 km ein Laubwaldgebiet, in dem die Buche dominiert. Anders als in den Nadelwäldern findet sich hier auf den frischen, nährstoffreichen Böden eine Fülle an unterschiedlichen Pflanzenarten. In den naturbelassenen Edellaubholzwäldern mit Bergahorn, Bergulme und Gemeiner Esche wachsen zahlreiche Kräuter. Auf den Lichtungen finden sich z. B. das Schmalblättrige Weidenröschen und der Rote Fingerhut.

Vielfach wurden die Wälder durch menschliche Eingriffe, d.h., durch Nadelholzpflanzungen anstelle der ehemaligen Laubwälder, stark abgewandelt. Heute herrschen stellenweise Fichten-, meist aber Kiefernforste vor. Die Fichte, erst in der rauen Kammlage von Natur aus waldbildend, ist heute aufgrund von künstlicher Anpflanzung bis in die niedrigsten Lagen zu finden. Buchenwälder und in Ausnahmefällen Weiß- oder Edeltannenwälder sind eine Seltenheit. Die natürliche Baumgrenze wird auch auf den höchsten Lagen, z. B. Oberhof-Beerberg (⇧ 980 m) nicht erreicht. Der Bodenbewuchs in Fichtenwäldern wird z. B. durch Waldsauerklee, Wolliges Reitgras, Heidekraut und Heidelbeere geprägt.

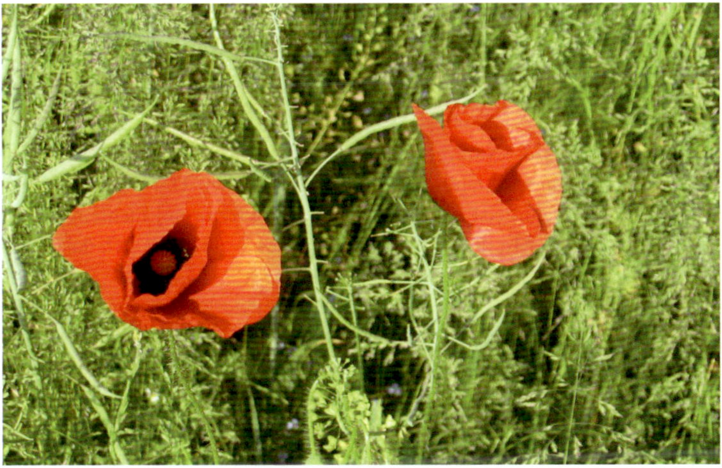

Blühender Mohn

In die Wälder sind weitere Lebensräume eingebettet:

- ▷ Aufgrund der geologischen Entwicklung gibt es auf den Kammlagen des Rennsteigs Hochmoore (Regenmoore) mit typisch arktischen Pflanzen.
- ▷ In den montanen Quell- und Hochstaudenfluren sind viele alpine Arten vertreten, die dem Bachverlauf folgend abnehmen.
- ▷ Auf Bergwiesen sind zahlreiche, teilweise naturgeschützte, Arten wie das Bergwohlverleih, die Trollblume, das Borstgras, der Goldhafer, der Bärwurz, der Wiesenknöterich und der Waldstorchschnabel zu finden.
- ▷ Auf nährstoffreichen Talwiesen stellt sich eine typische Kräuterwiesenvegetation ein.
- ▷ In den häufig noch naturbelassenen und damit vielfältigeren Fettwiesen der Bach- und Flussauen herrschen Wiesenstorchschnabel, Wiesenmargerite, Wiesenbocksbart und Gemeiner Löwenzahn vor.
- ▷ Eine relativ eintönige Vegetationszone, die durch den Menschen geprägt wurde, sind Ackerflure.

Fauna

Für das Rennsteiggebiet sind vier Lebensräume charakteristisch, in denen typische Vertreter der Fauna vorkommen:

Lebensraum Wald: Naturbelassene Bergmischwälder – vor allem mit Buchen- und Tannenbestand – die den ursprünglichen Thüringer Wald bildeten, sind heute zumeist von aufgeforsteten Kiefern- und Fichtenwäldern verdrängt worden. Mit dieser Umgestaltung des Waldes hat sich das Spektrum an Tieren deutlich reduziert.

Auf einer Runst kann eine Vielzahl an Schmetterlingen, vor allem Tagfalter, beobachtet werden. Ein weiterer auffälliger Vertreter der Insekten ist die unter Naturschutz stehenden Rote Waldameise, deren bis zu 2 m hohe Nester in allen Höhenlagen des Thüringer Waldes zu sehen sind.

Bei massenhaftem Auftreten sind in der Forstwirtschaft die Borkenkäfer der Spezies Großer Buchdrucker und der Fichtenrüssler sowie die Kleine Fichtenblattwespe gefürchtet.

Vertreter der Gruppe der Lurche sind u. a. Berg- und Teichmolch, Erdkröte und Grasfrosch. Seltener sind hingegen Gelbbauchunke und Laubfrosch.

An sonnigen Wegrändern und auf Waldlichtungen können Waldeidechsen angetroffen werden, Blindschleiche und Zauneidechse dagegen nur im Vorland. Mit der im Unterholz lebenden Schlingnatter und der Ringelnatter, die feuchte Stellen und Seen als Lebensraum bevorzugt, beheimatet der Thüringer Wald zwei unter Naturschutz stehende Schlangenarten.

Vögel machen zumeist eher durch ihren Gesang auf sich aufmerksam, seltener bekommen Sie sie wirklich zu Gesicht. Neben den bekannten Singvogelarten können Sie mit etwas Glück auch Raubvogelarten wie Mäusebussard, Raufußkauz, Sperlingskauz oder Uhu beobachten.

Einige Vogelarten kommen im gesamten Thüringer Wald vor, andere sind auf spezielle Wälder (z. B. Buchenwald) beschränkt. Selten geworden ist inzwischen das Auerhuhn, das sich auf wenige Altholzbestände zurückgezogen hat.

Nagetiere sind im Thüringer Wald in einer relativ großen Artenvielfalt vertreten: Häufig werden Sie das dunkelbraune oder rote Eichhörnchen antreffen. Darüber hinaus leben hier der Sieben- und der Gartenschläfer und zahlreiche Mausarten. An Insektenfressern sind z. B. Igel und Maul-

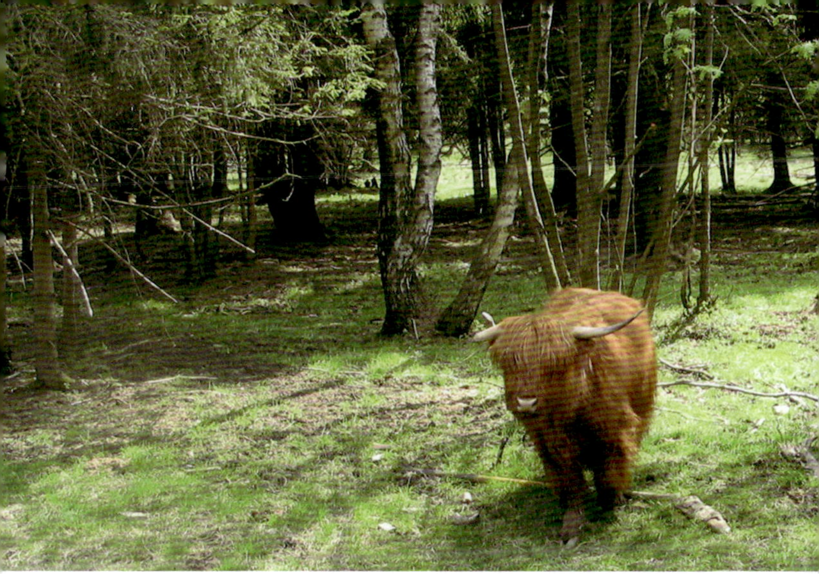

Tierische Begegnung im Wald

wurf vertreten. Auch verschiedene Fledermausarten sind im Thüringer Wald zu Hause.

Die Raubtiere des Thüringer Waldes sind Fuchs, Dachs, Stein- und Edelmarder, Iltis und Wiesel. In den letzten Jahren wurden außerdem erfreulicherweise auch wieder vermehrt Wildkatzen gesichtet. Verschiedene Initiativen haben dafür gesorgt bzw. sorgen dafür, dass die für Wildkatzen wichtigen Korridore entstanden sind bzw. weiter entstehen. Dadurch konnten sich diese extrem scheuen Tiere von Thüringen aus in die angrenzenden Regionen verbreiten.

An Wildarten sind Rotwild, Rehwild, Damwild sowie Wildschwein anzutreffen. An einigen Stellen wurde außerdem das aus Korsika stammende Mufflon angesiedelt. Wildkaninchen sind vorwiegend im Vorland vertreten, während der Bestand an Feldhasen weiter abnimmt.

Lebensraum Moor: Die Regen- und Quellmoore des Thüringer Waldes sind natürliche Wasserspeicher. Sie sind die Heimat von teilweise vom Aussterben bedrohten Tierarten, wie dem schwarzgelben Feuersalamander, Sumpfspitzmaus und Kreuzotter. Ein weiterer typischer Vertreter dieses

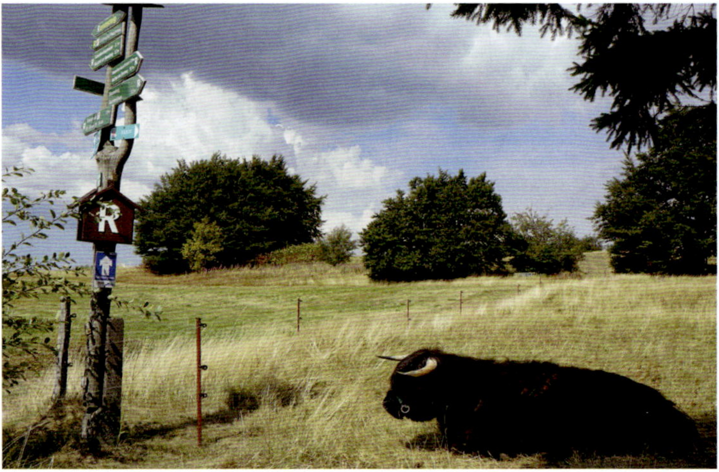

Entspanntes Rind kurz vor Masserberg (5. Etappe)

feuchten Biotops ist der Moorenfalter – ein Vertreter der Tagfalter. Darüber hinaus sind die Moore ebenfalls Rückzugsgebiete der selten gewordenen Birkhühner.

Lebensraum Bergwiese: Bergwiesen stellen intakte Ersatzgesellschaften dar, die durch Rodung und langjährige naturverbundene Nutzung vom Menschen geschaffen wurden. Da sie Lebensraum für seltene Tier- und Pflanzenarten sind, müssen die Bergwiesen und Wiesentäler durch eine sorgsame und traditionelle Nutzung erhalten werden.

Lebensraum Bergbach: Die Arten des Lebensraumes Bergbach lassen sich in zwei Gruppen gliedern. Diese Differenzierung zeigt sich insbesondere bei den Wirbellosen: Es gibt zum einen die Arten der kalten Quellregionen, die mit zunehmender Länge des Bachlaufs von Arten der kühlen, rasch fließenden Mittelgebirgsbäche abgelöst werden.

Stellvertretend für den Artenreichtum an Insekten sind Eintagsfliegen, Steinfliegen sowie die Libellenarten Zweigestreifte Quelljungfer, Blauflügellibelle und Gebänderte Prachtlibelle zu nennen.

Andere Tiergruppen zeichnen sich dadurch aus, dass es hochspezialisierte, an sauberes und kühles Wasser angepasste Arten sind. Dazu zählen beispielsweise der Faden- und der Kammmolch sowie die im restlichen Deutschland vom Aussterben bedrohte Flussperlmuschel und die Flussnapfschnecke.

Unter den Fischen sind die auf sauberes, klares Gewässer angewiesenen Arten Bachneunauge, Bachforelle, Elritze und Gründling/Groppe zu nennen. Der Bestand der genannten Arten ist inzwischen allerdings auch im Thüringer Wald gefährdet. So wurde die nordamerikanische Regenbogenforelle in den Bergbächen ausgesetzt, um den sinkenden Bestand an Bachforellen zu ergänzen.

Zu den Tierarten, die in besonders hohem Maße auf die naturnahen Bachläufe angewiesen sind, gehören Wasseramsel, Gebirgsstelze, Eisvogel und Wasserspitzmaus.

Geologie

Das kristalline Grundgebirge mit jungpaläozoischen Sedimentauflagerungen wurde im Karbon, also vor ungefähr 300 Mio. Jahren, aufgefaltet. Durch diesen Prozess entstanden Sättel und Mulden. In den oberen Regionen des Mittelgebirges sind kristalline Schiefer und Granite freigelegt (beispielsweise Kristallin aus Ruhla oder nördlich von Suhl). Diese Höhen aus Glimmerschiefer bilden flache Aufwölbungen, sogenannte Köpfe, und flachgerundete Rücken.

Vor ungefähr 270 Mio. Jahren, im Unteren Perm, wurde das im Südwesten des Thüringer Waldes liegende Gebirgsvorland eingeebnet.

In die sand-konglomeratischen, tonigen Gesteine wurden durch Vulkanausbrüche und Spalteneruptionen mächtige Quarzporphyre, Porphyrite und Tuffe eingelagert. Aus diesen Gesteinen bestehen die höchsten Erhebungen des Thüringer Waldes, beispielsweise der Große Inselsberg, der Große Beerberg, der Schneekopf, der Große Finsterberg, der Ruppberg und der Kickelhahn, denn diese Gesteine konnten der Abtragung, insbesondere im Pleistozän, größeren Widerstand entgegensetzen als die benachbarten Gesteine. Die Porphyre sind oft zu Felstürmen oder Blockgipfeln geformt worden, die auch als Steine bezeichnet werden, wie beispielsweise der „Gerberstein“ bei Ruhla.

Durch Abtragung entstanden zwischen den widerstandsfähigen Konglomeraten oft tief eingeschnittene Schluchten, z. B. die Drachenschlucht bei Eisenach. Deutlich wird der Widerstand der Gesteine darüber hinaus in der Gegend von Suhl und Zella-Mehlis, wo der Granit leicht zerstörbar ist und deshalb im Laufe der Jahrmillionen ausgeräumt wurde. Es entstand ein großer Ausräumungskessel, der im Norden markant vom Beerberg-Massiv aus Porphyren überragt wird.

Diese erodierte Rumpflandschaft wurde vom Zechsteinmeer überschwemmt, aus dem sich Kalke, Dolomite und Tonsteine ablagerten. Nachdem sich vor ungefähr 245 Mio. Jahren, im Unteren Trias, das Zechmeer zurückgezogen hatte, wurden vom südlich gelegenen Festland Sedimente aus Sandsteinen und Buntsandstein abgelagert.

Vor ungefähr 240 Mio. Jahren, im Mittleren Trias, wurde der Bereich erneut überflutet und es lagerte sich eine 200 m starke Muschelkalkschicht ab. Nach dem Rückzug des Meeres folgte in der Obertrias eine wechselhafte Phase, in der sich festländisch dominierte Entwicklungen immer wieder mit Meeresablagerungen abwechselten (Entstehung bzw. Ablagerung von Sandsteinen, Mergel, Tonsteinen und Gips).

Der Thüringer Wald und sein Umland blieben auch in der folgenden Jura- und der Kreidezeit Festland. In der Kreide und im Tertiär wurden große Bereiche um mehrere Hundert Meter auf bis zu 1.000 m hochgehoben und daraufhin die auf den kristallinen Grundschichten aufgelagerten Sedimente teilweise abgetragen. Diese Abtragungsprozesse wurden durch die häufigen Wechsel von Kalt- und Warmzeiten im Quartär verstärkt und setzten die markanten Felsformationen aus Porphyr frei (s. o.). Auch die Steilabbrüche am Rand des Thüringer Waldes, die aus Muschelkalk bestehen, sind das Resultat dieser Abtragungsprozesse.

Für eine pleistozäne Vergletscherung des Thüringer Waldes fehlen letztlich eindeutige Hinweise. Die Schuttablagerungen am Nordosthang des Großen Beerbergs, im Tal des Schneetiegels und in einigen anderen Tälern auf der Nordflanke des mittleren Thüringer Waldes sind keine Gletschermoränen, sondern das Resultat einer großen Abtragungsphase in der letzten Kaltphase. So sind die gerundeten Formen der Porphyrgesteine, wie bereits erwähnt, eine dem Porphyr eigene Verwitterungsform, ohne dass eine Abschleifung durch Gletschereis zu einem Rundbuckel vorliegt. Der Große Beerberg hat insofern wahrscheinlich nur eine kleine Eiskappe getragen.

Naturschutz

Der Rennsteig führt durch eine reizvolle Mittelgebirgslandschaft: das Thüringer Gebirge. Es durchzieht von Nordwest nach Südost den Süden Thüringens mit einer bis zu 20 km breiten Scholle und einer außerordentlichen landschaftlichen Vielfalt. Der Rennsteig, das Rückgrat des Thüringer Waldes, ist die Wasserscheide zwischen den Einzugsgebieten von Elbe (Gera, Ilm, Saale), Weser (Werra) und Main (Itz, Rodach). Senkrecht dazu zweigen Querkämme ab, zwischen denen sich tief eingeschnittene Täler nach den Vorländern öffnen. Die Höhenunterschiede besonders im mittleren Thüringer Wald sind beträchtlich. Beispielsweise wird das Tal des Schneetiegels vom weniger als 2 km entfernten Schneekopf um 600 m überragt. Diese Gegensätze machen den landschaftlichen Reiz des Gebirges aus.

Diese vielfältige Landschaft ist größtenteils geschützt. Im Verlauf des Rennsteigs kommen Sie durch zwei Naturparks, den Naturpark Thüringer

Unterwegs im Naturpark Thüringer Wald

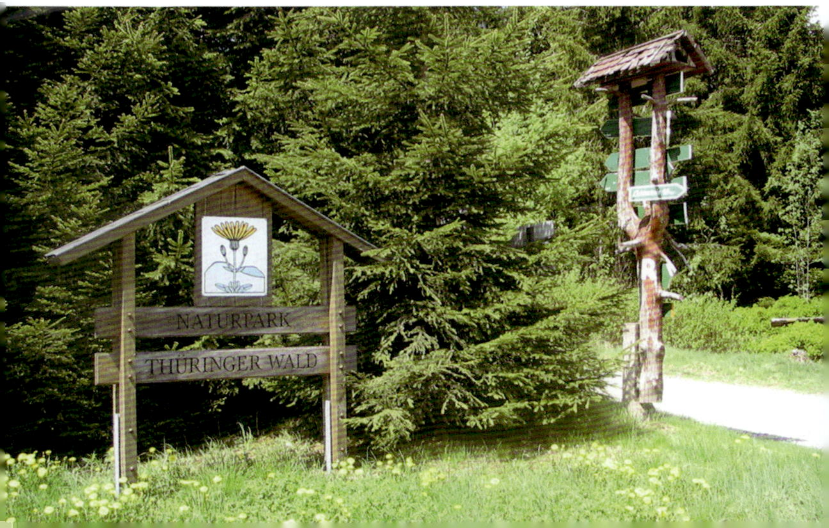

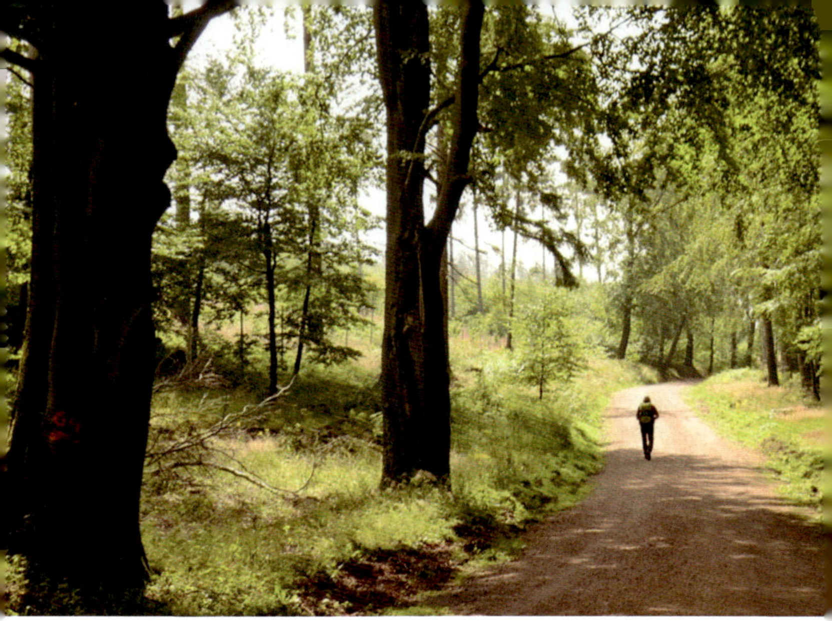

Schöner Waldweg zwischen Hoher Sonne und Ascherbrück

Wald und den Naturpark Thüringer Schiefergebirge/Obere Saale, sowie durch das Biosphärenreservat Vessertal.

▷ **Naturparks** sind großräumige, abwechslungsreiche Kultur- und Naturlandschaften von landesweiter Bedeutung mit besonderem landschaftlichem Reiz. Sie dienen der Erschließung und Entwicklung zu Naturschutz- und Erholungszwecken und sollen wirtschaftliche Nutzung, Naturschutz und Erholung verbinden.

▷ **Biosphärenreservate** sind durch die UNESCO anerkannt. Sie sind repräsentative Ausschnitte von charakteristischen Ökosystemen, wertvollen Kulturlandschaften und naturnahen Lebenssystemen und dienen der Entwicklung von landschaftstypischen und nachhaltigen Bewirtschaftungsformen (d. h. umweltschonende, sozial verträgliche und trotzdem ökonomische Bewirtschaftung).

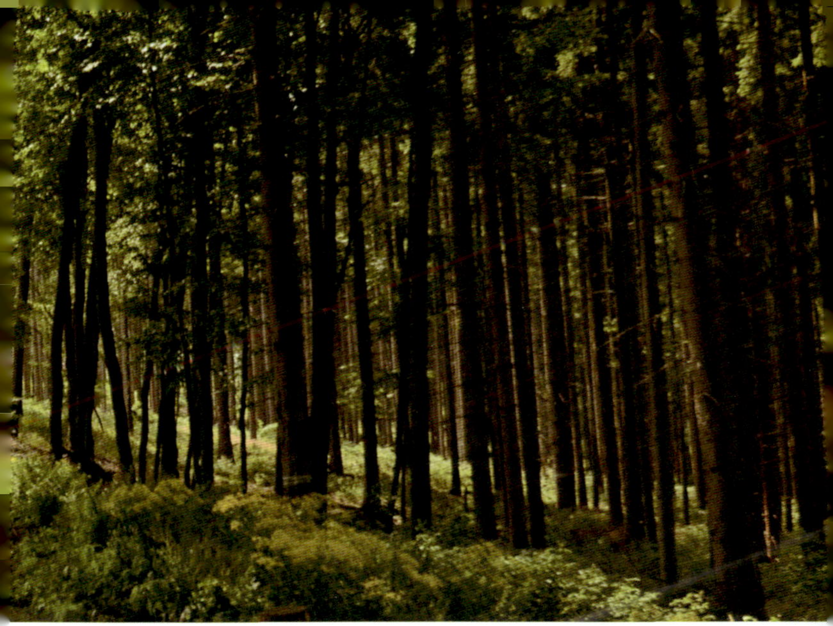

Der Naturpark **Thüringer Wald** umfasst ein Gebiet von 2.200 km², das sich rund 100 km entlang des Rennsteigs von Hörschel bei Eisenach im Nordwesten bis nach Hasenthal bei Neuhaus im Südosten erstreckt. Den landschaftlichen Reiz des Thüringer Waldes macht, neben den ausgedehnten Wäldern, in erster Linie der Gegensatz zwischen hohen Erhebungen und tief eingeschnittenen Tälern mit steilen und steilsten Hängen aus. Der Höhenunterschied von den Flussebenen bis in die Höhenlagen beträgt bis zu 800 m. Im Naturpark liegen gänzlich oder anteilig die sieben Landkreise Hildburghausen, Sonneberg, Saalfeld-Rudolstadt, Ilm, Gotha, Wartburg und Schmalkalden-Meiningen mit über 200 Städten und Gemeinden sowie die kreisfreie Stadt Suhl.

Der Thüringer Wald wird durch bewaldete Bergrücken mit mosaikartig eingestreuten Bergwiesen, Mooren, Quellfluren, Grünflächen, Ackerterrassen und Talwiesen charakterisiert, die von zahlreichen Bergbächen durchzogen werden. In den Wäldern, Mooren, Wiesen und Tälern leben zahlreiche seltene Tier- und Pflanzenarten.

Der Naturpark bietet ein abwechslungsreiches Landschaftsbild, das sich in insgesamt vier Naturräume gliedern lässt.

▷ **Der nordwestliche Thüringer Wald**: Der schmale Gebirgszug des nordwestlichen Thüringer Waldes erhebt sich von Hörschel (⇧ 196 m) bis zum Großen Inselsberg (⇧ 916 m). Dieser niedrigste Gebirgsteil im Naturpark wird charakterisiert durch ausgedehnte Buchenmischwälder.

▷ **Der mittlere Thüringer Wald**: Hier verbreitert sich der Gebirgszug allmählich und erreicht mit dem Großen Beerberg (⇧ 982 m) die höchste Erhebung Thüringens. Aufgrund der klimatischen Bedingungen in diesen Höhenlagen existieren Bergwiesen, die seltenen Blumen das Überleben sichern. In den etwas niedrigeren Höhenlagen herrschen ausgedehnte Fichtenwälder und vom Regenwasser gespeiste Regenhochmoore vor. Der mittlere Thüringer Wald ist auch über die Landesgrenzen hinaus als Wander- und Wintersportgebiet bekannt.

▷ **Das westliche Thüringer Schiefergebirge**: Der Gebirgszug erreicht in diesem Bereich seine größte Ausdehnung. Charakteristisch für diesen Abschnitt sind die zahlreichen eingeebneten Hochflächen mit Äckern und Weiden. An den Rändern dieser Hochebenen ziehen sich steile bewaldete Täler hinab.

▷ **Das Gebirgsvorland**: Im Norden und Süden des Thüringer Waldes ist das Klima weniger rau. Daher ist das Gebirgsvorland die Heimat von wärmeliebenden Pflanzen und Tieren. Eichenmischwälder, Streuobstwiesen, Alleen und zahlreiche Hecken lockern das Landschaftsbild auf.

Im Herzen des Naturparks Thüringer Wald liegt mit einer Fläche von 170 km² das Biosphärenreservat **Vessertal**. Hervorgegangen ist dieses älteste Biosphärenreservat Deutschlands aus dem Naturschutzgebiet Vessertal (Schutzstatus seit 1939, Fläche 13,8 km²). Typische Ökosysteme dieser reizvollen Mittelgebirgslandschaft sind Bergfichten- und Buchenmischwald,

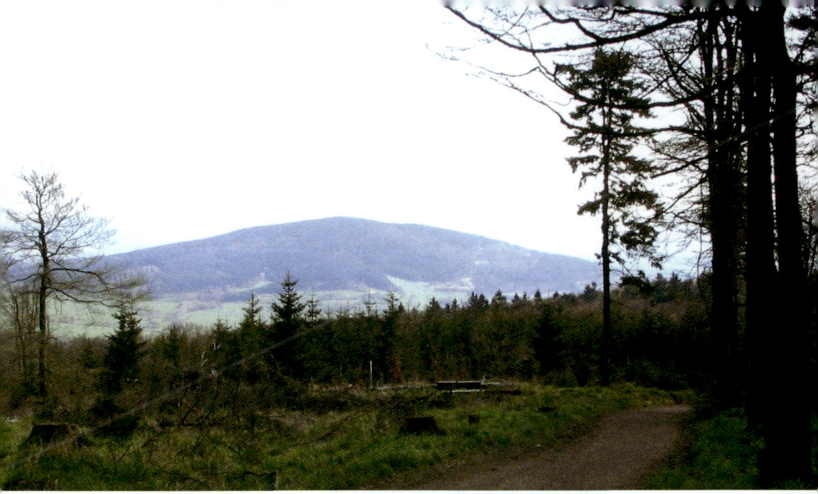

Blick auf den Großen Beerberg

Bergwiesen, Bachtäler und Hochmoore, wobei allerdings die Wälder dominieren. Nur in Bachtälern und auf Hochflächen werden die Wälder kleinflächig von Bergwiesen unterbrochen. In den Kammlagen bildeten sich durch den undurchlässigen Untergrund und die hohen Niederschläge (Niederschlag ca. 1.000 mm/Jahr) kleinflächige Hochmoore (Regenmoore), die durch Regenwasser gespeist werden.

Der Naturpark **Thüringer Schiefergebirge/Obere Saale** grenzt im Südosten Thüringens an den Naturpark Thüringer Wald. Er umfasst eine Fläche von rund 800 km^2; die Berge im Süden des Naturparks erreichen eine Höhe von knapp 800 m. In diesem südlichen Bereich sind große Teile des Naturparks von Wäldern bedeckt. Das zentral gelegene Oberland ist hingegen durch wellige, waldarme Hochflächen geprägt. Zahlreiche Bäche entspringen auf diesen Hochflächen sowie den regenreichen Mittelgebirgshochlagen und fließen in steilen Bachtälern hinab in die Ebenen. Diese zumeist kleinen Bäche und Flüsse – nur die Saale ist in diesem Naturpark ein großer Mittelgebirgsfluss – ließen ein für den Naturpark typischen Lebensraum entstehen: den Lebensraum Bergbach. Die Saale wird im Saaletal durch zwei große Talsperren zum sogenannten Thüringer Meer aufgestaut. Eine weitere Besonderheit ist die Seenlandschaft des Plothener Teichgebiets, das ein Rückzugsgebiet für zahlreiche Wasservögel bietet.

Reise-Infos von A bis Z

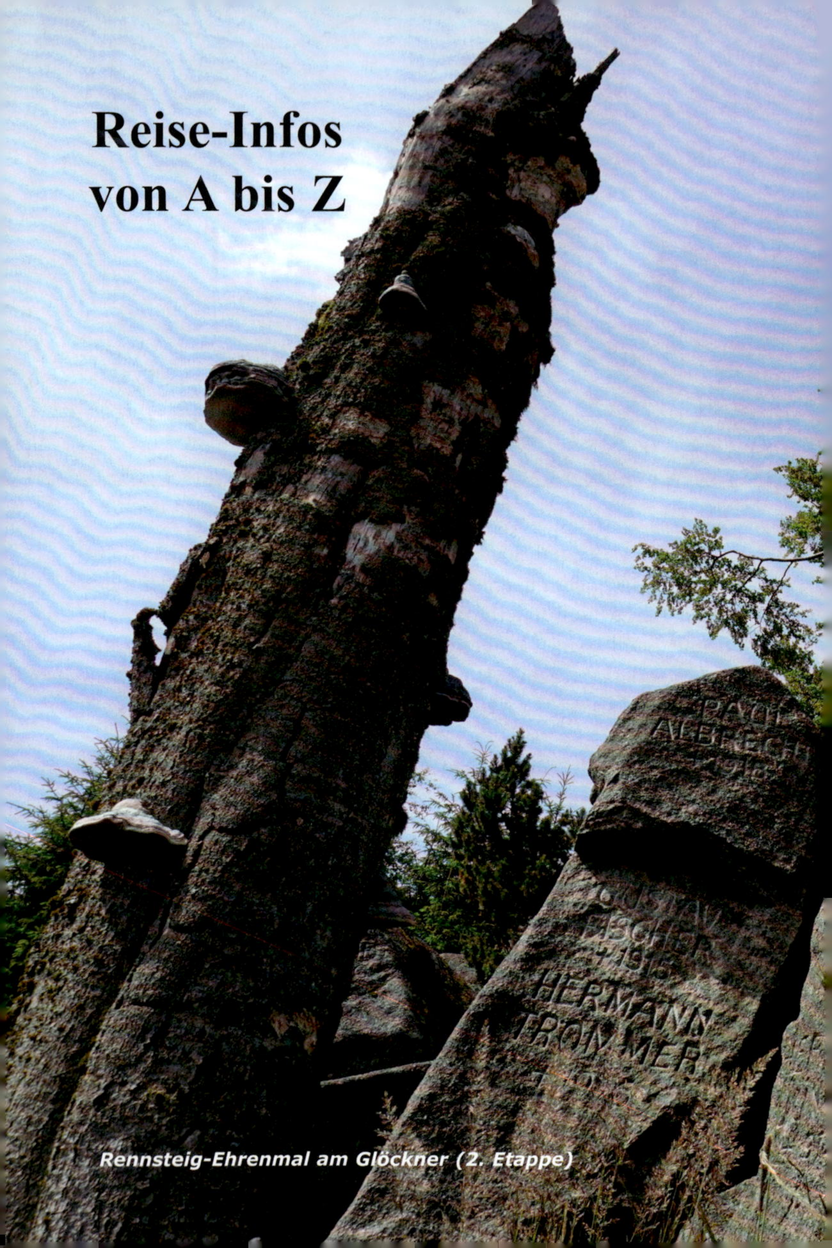

Rennsteig-Ehrenmal am Glöckner (2. Etappe)

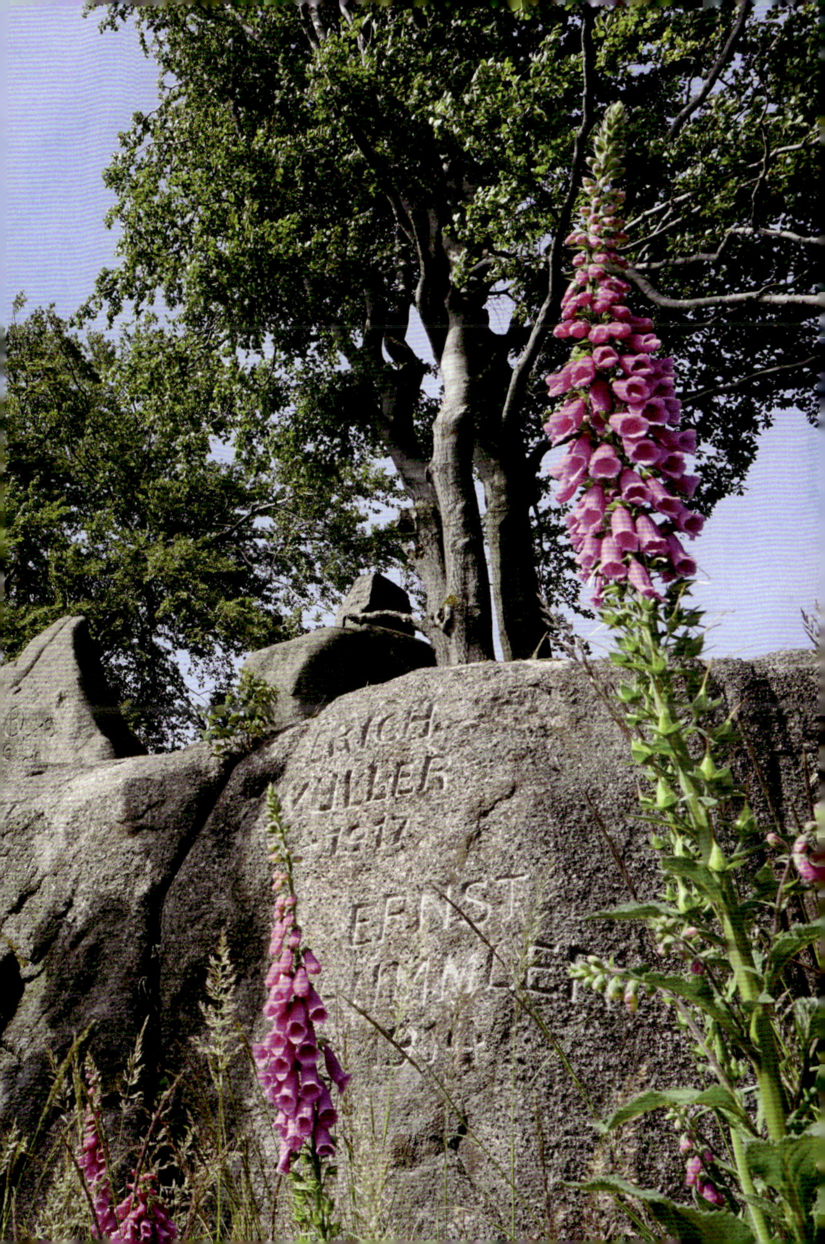
1917
ERNST

Anfahrt zu den Ausgangspunkten

Für die Anreise zu einer Rennsteigwanderung bietet sich die Bahn an. Neben den Start- bzw. Endpunkten Hörschel (bei Eisenach) und Blankenstein gibt es zahlreiche weitere am Rennsteig oder in dessen unmittelbarer Nähe gelegene Ortschaften, die mit Personenzügen oder Bussen gut erreichbar sind.

- ▷ Hörschel (direkt am Rennsteig gelegen)
- ▷ Ruhla (ca. 2,5 km vom Rennsteig entfernt)
- ▷ Steinbach bei Bad Salzungen (ca. 3 km vom Rennsteig entfernt)
- ▷ Tabarz (ca. 3 km vom Rennsteig entfernt)
- ▷ Brotterode (ca. 3 km vom Rennsteig entfernt)
- ▷ Kleinschmalkalden (ca. 3 km vom Rennsteig entfernt)
- ▷ Floh-Seligenthal (ca. 3 km vom Rennsteig entfernt; der Bus von Floh-Seligenthal nach Tambach quert den Rennsteig)
- ▷ Oberhof (ca. 1 km vom Rennsteig entfernt)
- ▷ Zella-Mehlis (ca. 6 km vom Rennsteig entfernt)
- ▷ Schmiedefeld am Rennsteig (ca. 2 km vom Rennsteig entfernt)
- ▷ Neustadt am Rennsteig (direkt am Rennsteig gelegen)
- ▷ Masserberg (direkt am Rennsteig gelegen)
- ▷ Neuhaus am Rennweg (direkt am Rennsteig gelegen)
- ▷ Spechtsbrunn (direkt am Rennsteig gelegen)
- ▷ Steinbach am Wald (direkt am Rennsteig gelegen)
- ▷ Wurzbach (ca. 4 km vom Rennsteig entfernt)
- ▷ Blankenstein (direkt am Rennsteig gelegen)

Rund um die Uhr gibt es unter ☎ 018 06/99 66 33 Informationen über Bahn- und Busverbindungen und Fahrpreise der Deutschen Bahn und es können Buchungen von Fahrkarten und Reservierungen vorgenommen werden. Kostenlose DB-Fahrplanauskünfte über ein Sprachdialogsystem erhalten Sie ebenfalls rund um die Uhr, ☎ 08 00/150 70 90. Umfassende Informationen über Leistungen und Angebote der Deutschen Bahn bekommen Sie auch unter www.bahn.de.

Von größeren Ortschaften, beispielsweise Eisenach, Oberhof etc. können mit Nahverkehrsverbindungen auch diverse Einstiegsstellen in den Höhenlagen des Rennsteigs angefahren werden. Dank dieser guten Infrastruktur lassen sich von einer festen Unterkunft aus auch zahlreiche Tageswanderungen am und auf dem Rennsteig unternehmen.

Liniennetzpläne und zusätzliche Infos zum öffentlichen Nahverkehr unter www.bus-bahn-thueringen.de

Auch mit dem Pkw sind die Hochlagen des Thüringer Waldes gut erreichbar. Hörschel, der Startpunkt der Rennsteigwanderung, liegt westlich von Eisenach und ist über die Autobahn A4 (Abfahrt Herleshausen) zu erreichen. Am Ende der Wanderung, egal ob der gesamte Rennsteig oder „nur" Etappen gewandert werden, müssen Sie dann mit einem anderen Transportmittel (☞ Bus, ☞ Bahn) wieder zum eigenen Auto am Ausgangspunkt der Tour zurückkehren. Möchten Sie von Blankenstein mit dem Zug zurück nach Hörschel fahren, müssen Sie rund 3 Std. 45 Min. mit Umsteigen in Saalfeld, Neudietendorf (bei Erfurt) und Eisenach einplanen.

Anforderungen

Der große Vorteil des Thüringer Waldes liegt darin, dass er über eine hervorragende Infrastruktur verfügt. Die zahlreichen Unterkunfts- und Verpflegungsmöglichkeiten erlauben, den Rennsteig in beliebige Etappenlängen einzuteilen (☞ Tourenplanung). Die 168,3 km des Rennsteigs können in fünf, sechs, acht oder zehn Tagen absolviert werden. Die täglich zu bewältigende Kilometerleistung variiert also zwischen ungefähr 15 und 35 km.

Ausrüstung

Generell gilt, dass auch auf dem Rennsteig eine funktionelle Bekleidung und gutes Schuhwerk Grundvoraussetzung ist.

Wer sich über entsprechendes Equipment für eine Runst informieren möchte, der kann sich kompetente Beratung in geeigneten Outdoorläden einholen oder sich das Wissen anlesen.

📖 Ausrüstung 1 – von Kopf bis Fuß von M. Gründel & J. Schinabeck, Basiswissen für draußen, OutdoorHandbuch Band 100, Conrad Stein Verlag, ISBN 978-3-86686-417-7, € 10,90

Die benötigte Ausrüstung hängt von der Art der Runst ab.

▷ Wer einen der angebotenen Gepäcktransporte nutzt, der muss nur regenfeste Kleidung sowie etwas zu essen und zu trinken mitnehmen.

▷ Wer nicht in der Hauptsaison unterwegs ist oder sich rechtzeitig ein Quartier reserviert hat, der benötigt nur einen kleinen Rucksack (max. 38 Liter), um zwei bis drei Garnituren sowie die regenfeste Kleidung und die Verpflegung einzupacken. ☺ Einen Regenschutz für den Rucksack nicht vergessen!

Im Folgenden sind die Ausrüstungsgegenstände aufgelistet, die sich bei der Runst bewährt haben.

- ☐ Rucksack (30 bis 38 Liter)
- ☐ Funktionsjacke (wasserdicht + atmungsaktiv)
- ☐ Regenponcho
- ☐ Überhose (wasserdicht + atmungsaktiv)
- ☐ Fleecejacke
- ☐ T-Shirts (Kunstfaser oder Merinowolle)
- ☐ Kunstfaser-Trekkinghose (lang)
- ☐ Kunstfaser-Trekkinghose (kurz)
- ☐ Medikamente
- ☐ 1 dünne, leichte Hose
- ☐ Landkarten (in wasserfesten Kartenhüllen)
- ☐ Unterhosen (Kunstfaser oder Merinowolle)
- ☐ 2 Paar Wandersocken
- ☐ Taschenmesser
- ☐ 1,5-Liter-Getränkeflasche
- ☐ Wanderschuhe
- ☐ Trekkingsandalen/Turnschuhe

- ☐ Mütze/Kappe
- ☐ Sonnenbrille
- ☐ evtl. Teleskopstöcke mit Ersatzteilen
- ☐ Sonnencreme
- ☐ ... und natürlich dieses OutdoorHandbuch!

Rucksack-Apotheke

Auch bei kleineren Wanderungen sollte sicherheitshalber immer ein kleines Erste-Hilfe-Set mit dabei sein. Für Mehrtagestouren wie die Runst sollte diese entsprechend „aufgerüstet“ werden.

Für mehrtägige Touren:

- ☐ Taschenmesser
- ☐ 2 bis 5 sterile Kompressen, 10x10 cm
- ☐ Pflaster (Wundpflaster und Tape)
- ☐ Dreieckstuch, elastische Binde
- ☐ mind. 2 Verbandspäckchen (groß und klein) mit steriler Wundauflage
- ☐ Einmal-Handschuhe
- ☐ Schmerzmittel
- ☐ Oberflächendesinfektionsmittel
- ☐ Rettungsdecke
- ☐ Schreibzeug, Trillerpfeife (für die Alarmierung)
- ☐ Blasenpflaster
- ☐ persönliche Medikamente

Darüber hinaus kann es natürlich nie schaden, über Grundkenntnisse in Erster Hilfe zu verfügen. Wohl bei den meisten Menschen dürften entsprechende Kurse mehr oder weniger weit in der Vergangenheit liegen. Wie schnell so etwas von größter Wichtigkeit werden kann, weiß ich aus eigener Erfahrung – die Frage nach dem nächsten Auffrischungskurs dürfen wir uns alle stellen!

Verpflegung

Am Rennsteig gibt es genügend Möglichkeiten, sich mit Getränken und Essen – selbstverständlich immer wieder gerne mit vorzüglicher Thüringer

Bratwurst – zu versorgen. Deshalb reicht es, in den Rucksack nur ein paar Kleinigkeiten gegen den akuten Hunger (Nüsse, Studentenfutter oder Müsliriegel) sowie ein Getränk zu packen.

Gehrichtung

Die meistgestellte Frage ist die nach der Richtung einer Runst: von West nach Ost, also von Hörschel nach Blankenstein oder umgekehrt von Ost nach West? Es gibt einige Aspekte, die für einen Start in Hörschel sprechen:

- ▷ Soll die Runst gleich am Anreisetag beginnen (Hörschel ist fast zu jeder Tages- und Nachtzeit sehr gut mit öffentlichen Verkehrsmitteln erreichbar), bietet sich die Halbtagesetappe von Hörschel bis zur Hohen Sonne als Einstieg an. Die Buslinie zum Wanderparkplatz Hohe Sonne ermöglicht nach dieser Halbtagesetappe eine Rückfahrt nach Eisenach sowie am nächsten Morgen die Fahrt zurück zur Hohen Sonne.
- ▷ Wer in Eisenach die Wartburg besichtigen möchte, der kann die erste Tageshälfte dafür nutzen und am Nachmittag die Halbtagesetappe bis zur Hohen Sonne absolvieren.
- ▷ Wer schönes Wetter abpassen kann, sollte ebenfalls in Hörschel starten, so kann der interessantere nordwestliche Streckenabschnitt über den Kamm des Thüringer Waldes ziemlich sicher bei schönem Wetter gewandert werden.

Information

Unter den angegebenen Adressen können Sie nähere Informationen zu einer Rennsteigwanderung und den einzelnen Regionen, durch die der Rennsteig verläuft, einholen.

i Regionalverbund Thüringer Wald e.V., Bahnhofstraße 4-8, 98527 Suhl,
☏ 036 81/35 30 50, ✉ info@thueringer-wald.com, 💻 www.thueringer-wald.com

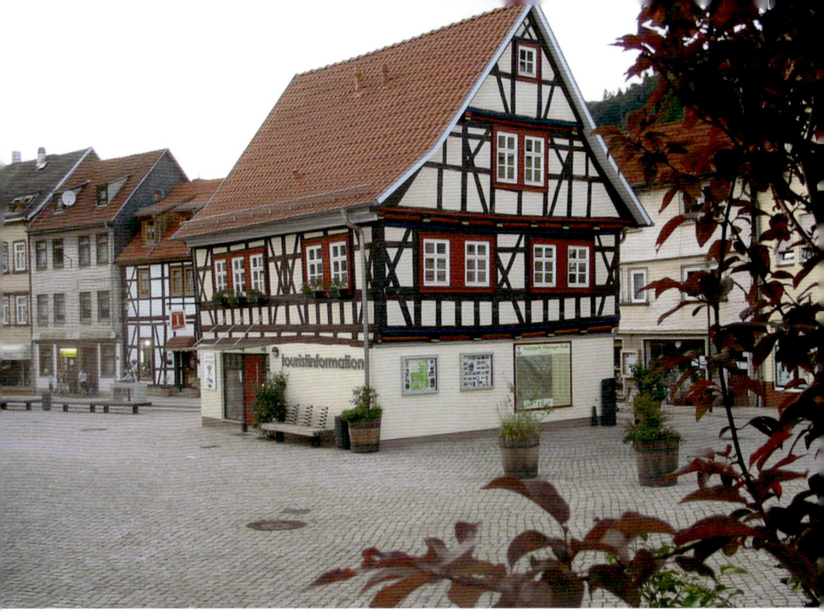

Touristinformation Ruhla (1. Etappe)

- ♦ Tourismusverband Thüringer Wald – Gothaer Land e. V., Reuterstraße 2, 99867 Gotha, ☏ 036 21/36 31 11, ✉ info@tourismus-thueringer-wald.de, 💻 www.tourismus-thueringer-wald.de
- ♦ Rennsteigregion im Frankenwald, Lauensteiner Straße 44, 96337 Ludwigsstadt, ☏ 092 63/97 45 41, ✉ info@rennsteigregion-im-frankenwald.de, 💻 www.rennsteigregion-im-frankenwald.de
- ♦ Tourismusverbund Rennsteig-Saaleland e. V., Oschitzer Straße 4, 07907 Schleiz, ☏ 036 63/42 14 66, ✉ info@rennsteigsaaleland.de, 💻 www.rennsteigsaaleland.de
- ❀ Naturpark Thüringer Schiefergebirge/Obere Saale, Wurzbacher Str. 16, 07338 Leutenberg, ☏ 03 61/57 39 25 090, ✉ poststelle.schiefergebirge@nnl.thueringen.de, 💻 www.thueringer-schiefergebirge-obere-saale.de
- ♦ Naturpark Thüringer Wald, Rennsteigstraße 18, 98673 Eisfeld OT Friedrichshöhe, ☏ 03 67 04/709 90, ✉ verband@naturpark-thueringer-wald.de, 💻 www.naturpark-thueringer-wald.de

Der Rennsteig im Internet:

- www.rennsteig.de
- ♦ www.rennsteigtip.de
- ♦ www.rennsteigverein.de, Homepage des Rennsteigvereins 1896 e. V.
- ♦ www.rennsteiglauf.de, Infos rund um den GutsMuths-Lauf.
- ♦ www.thueringen.info
- ♦ www.thueringen-tourismus.de
- ♦ www.thueringer-wald.com

Karten und GPS

- ♦ Wanderkarte Rennsteig Hörschel – Blankenstein, Verlag Freytag-Berndt und Artaria (PublicPress-Ausgabe), Maßstab 1:25.000, ISBN 978-3-89920-305-9, € 12,90. Die Wanderkarte soll 2022 in neuem Layout erscheinen, dann mit ISBN 978-3-70792-029-1 für € 12,90.
- ♦ Rad- und Wanderkarte Rennsteig, Kartographische Kommunale Verlagsgesellschaft, 4-teiliges wetterfestes Kartenset, Maßstab 1:35.000, ISBN 978-3-86973-151-3, € 12,80
- ♦ Wander-, Ski- und Radwanderkarte Rennsteig, Verlag Dr. Barthel, Maßstab 1:35.000, ISBN 978-3-89591-115-6, € 10,90.

☺ Die Kartenempfehlungen wurden von der Geobuchhandlung Kiel überprüft.

www.geobuchhandlung.de

Die GPS-Tracks zu den beschriebenen Wegen können Sie auf der Internetseite des Verlags (www.conrad-stein-verlag.de) herunterladen.

GPS Grundlagen · Tourenplanung · Navigation von Michael Hennemann, Conrad Stein Verlag, Basiswissen für draußen, ISBN 978-3-86686-495-5, € 9,90

Klima

Obwohl der Thüringer Wald zentral im klimatisch stabilen und gemäßigten Mitteleuropa liegt, herrscht wegen seiner Gebirgslage ein teilweise raues

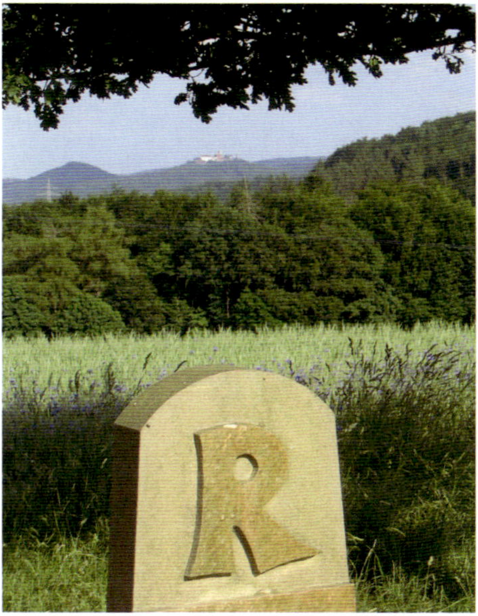

So eine klare Sicht haben Sie nicht immer: Gerade in den Hochlagen regnet es häufiger

Klima. Vom Atlantik kommende Wolken werden an den Kamm herangetragen, wo sie sich abregnen.

Die Hochlagen des Thüringer Waldes erhalten daher wesentlich mehr Feuchtigkeit als die Niederungen. Besonders davon betroffen sind die Gipfelbereiche des Großen Inselsbergs (⇧ 916 m), des Großen Beerbergs und des Schneekopfmassivs (je ⇧ 911 m) sowie des Schiefergebirges (⇧ 784 m), wo die jährliche Niederschlagsmenge jeweils bei rund 1.300 mm liegt.

Durch die Höhe sind die Winter im Thüringer Wald kalt. Die mittleren Januartemperaturen liegen in Gipfelhöhe auf ca. 900 m bei -2 °C bis -4 °C, was bei den gleichzeitig hohen Niederschlagswerten eine gute Schneesicherheit verspricht. Vor allem in den Gebieten um Oberhof sowie Neuhaus/Masserberg sind Schneehöhen über 1 m keine Seltenheit.

Prinzipiell gilt zwar für ganz Mitteleuropa, dass die hauptsächlich vorherrschenden Winde aus Südwest am südwestlichen Gebirgsrand (Luvseite) höhere Niederschläge bringen als im nord- und nordöstlichen Rennsteiggebiet (Leeseite), doch durch die geringe Breite des nördlichen Thüringer Waldes (nur 2 bis 10 km breit) ist dieser Luv-/Lee-Effekt kaum ausgeprägt. Im über 30 km breiten westlichen Schiefergebirge ist dieser Effekt stärker zu spüren, sodass es dort verhältnismäßig trockene Regionen auf der Leeseite des Gebirges gibt.

Die folgende Tabelle gibt vereinfacht die klimatischen Bedingungen im Thüringer Wald in Abhängigkeit der Höhe über NN wieder:

Lage	Täler	Höhen	Gipfel
Höhenlage (m ü.NN)	500	700	900
ø Jahrestemperatur	6,5°C	5°C	4°C
ø Temperatur im Januar	-2°C	-3°C	-4°C
ø Temperatur im Juli	15,5°C	14°C	12,5°C
ø Jahresniederschlag (mm)	650-1.300	meist > 1.000	1.000-1.400

Literatur

Wer sich für historische Literatur über den Rennsteig interessiert, dem seien folgende Bücher aus dem im thüringischen Bad Langensalza ansässigen Rockstuhl Verlag empfohlen:

- Der Rennsteig – eine Wanderung auf dem Kamm des Thüringer Waldes von der Werra bis zur Saale 1889 und 1899, August Trinius (1851-1919), Reprintauflage 1899/2011, ISBN 978-3-86777-318-1, € 19,95
- Der Rennsteig des Thüringer Waldes eine Bergwanderung 1862, Alexander Ziegler (1822-1887), Reprintauflage 1862/2014, ISBN 978-3-86777-682-0, € 19,95
- Der Rennsteig des Thüringer Waldes 1896 und 1910, Ludwig Hertel und Johannes Bühring, Reprintauflage 1896/1910/2011, ISBN 978-3-86777-319-5, € 14,95
- Der Thüringer Wald in alten Zeiten – von den Anfängen bis 1898, Heinrich Heß, Reprintauflage 1898/2003, ISBN 978-3-93603-026-6, € 9,95
- Wanderbuch durch den Thüringer Wald – der Rennsteig, eine große Bergwanderung, Ludwig Storch, Reprintauflage 1842/2014, ISBN 978-3-86777-739-1, € 19,95

Organisierte Rennsteigwanderungen

Mithilfe der Informationen in dem vorliegenden Führer sollte das Selbst-Organisieren einer individuellen Rennsteigwanderung kein Problem sein. Es gibt aber auch zahlreiche Reiseorganisationen, die Interessenten unter dem

Motto „Wandern ohne Gepäck“ Planung, Durchführung, Gepäcktransfer und andere „Probleme“ abnehmen und für einen reibungslosen Ablauf sorgen.

Einige Hotels, Gasthäuser und Pensionen am Rennsteig und in Rennsteignähe bieten dem Gast Unterkunft mit täglichem Personentransfer zum Start der jeweiligen Wanderetappe und Abholung von beliebigen Punkten an. Dabei arbeiten oft mehrere Beherbergungsbetriebe zusammen und reichen die Wandergäste etappenweise weiter. Auch hier helfen die touristischen Informationsstellen (☞ Information) mit entsprechenden Auskünften gerne weiter.

Radwandern

Am 19. Juni 2000 wurde der Rennsteig-Radwanderweg von Hörschel nach Blankenstein eröffnet. Obwohl er ebenfalls dem Kamm des Thüringer Waldes folgt, verläuft er nur 26 km lang auf dem Original-Rennsteig. Aufgrund der zahlreichen Schleifen, die eingelegt werden, um sensible Passagen, steile Auf- und Abstiege oder holperige Wurzelholzpassagen zu umgehen, ist der Rennsteig-Höhenradwanderweg 195 km lang. Immerhin 113 km dieser Strecke führen über nicht öffentliche Waldwege oder Straßen.

Vom Profil und der Wegbeschaffenheit her handelt es sich beim Rennsteig-Höhenradwanderweg um eine Offroadstrecke, was ein stabiles ATB oder MTB voraussetzt, das über eine zuverlässige Gangschaltung, stabile Felgen mit profilierten Reifen und vor allem über griffige Bremsen verfügen sollte.

Die Route ist beispielsweise in der Publicpress-Karte „Rennsteig-Radwanderkarte“ im Maßstab 1:50.000 enthalten (☞ Karten). Im Fachhandel sind darüber hinaus spezielle Rennsteig-Radwanderführer erhältlich.

Die Ausschilderung des Rennsteig-Radwanderwegs (Schild mit einem Radfahrer-Piktogramm in schwarzer Farbe vor dem Hintergrund eines großen grünen „R“ und darüber ein „Rennsteig“-Schriftzug ebenfalls in grüner Farbe) ist ebenso vorbildlich wie die Ausschilderung des „normalen“ Rennsteigs.

Damit es nicht zu Konflikten zwischen Wanderinnen/Wanderern und Radlerinnen/Radlern kommt, sollten bitte folgende Verhaltensregeln beherzigt werden:

- ▷ Der Rennsteig ist primär ein Wanderweg und Personen, die darauf wandern, haben daher absoluten Vorrang, d. h., wenn Sie mit dem Fahrrad fahren, sollten Sie Rücksicht nehmen und an Engstellen ggf. absteigen und schieben.
- ▷ Die Größe der Radlergruppe sollte maximal 4 bis 6 Personen betragen.
- ▷ Durch behutsames Klingeln in ausreichender Entfernung sollte angezeigt werden, dass sich ein Fahrrad von hinten nähert.
- ▷ Schnelles Fahren auf auch zum Wandern genutzten Wegen sollten Sie vermeiden.
- ▷ Der Original-Rennsteig ist bis auf die ausgeschilderten 26 km für alle, die mit dem Rad fahren, tabu (nach dem „Thüringer Rennsteiggesetz" sogar gesetzlich verboten). Es ist dem ausgeschilderten Weg zu folgen. Da trotz der gesetzlichen Regelung viele Radlerinnen und Radler nicht den Radwanderweg, sondern nach wie vor den Rennsteig nutzen, finden auch weiterhin entsprechende Kontrollen statt.

Reisezeit

Die klassischen Zeiten für Rennsteigwanderungen sind Mai/Juni und September/Oktober. In diesen Monaten ist das Wetter relativ konstant und es ist mit weniger Niederschlägen zu rechnen. Der Nachteil einer Runst in der „Hauptsaison" ist allerdings, dass Sie sich bei absehbar gutem Wetter die Etappen mit zahlreichen anderen Personen, die auf dem Rennsteig wandern, teilen müssen. Auch in den gastronomischen Einrichtungen, insbesondere den Rennsteigbauden, herrscht dann Hochbetrieb.

☞ Im Mai/Juni sowie im September/Oktober sollten aus diesem Grund Unterkünfte unbedingt vorgebucht werden.

Im Juli und August ist regelmäßig mit Abendgewittern zu rechnen. Wer sich durch einen „kurzen Guss" aber nicht abschrecken lässt, der wird sich auch in den zwei warmen Sommermonaten bei einer Runst wohlfühlen. Da der Rennsteig über lange Strecken im Wald verläuft, ist auf natürliche Weise für ausreichend Schatten gesorgt.

Für die Hochlagen des Thüringer Waldes gilt allerdings, dass hier auch im Hochsommer mit feuchter Witterung, Nebel und kühleren Temperaturen gerechnet werden muss. Aber wie war das doch gleich noch mit dem „schlechten" Wetter und der schlechten Kleidung.

Schutzhütten

Über die 168,3 km des Rennsteigs verstreut stehen mehr als 60 Schutzhütten unterschiedlicher Größe und Ausfertigung. Die Vielfalt reicht von einfachen, an drei Seiten geschlossenen Holzunterständen mit oder ohne Bänke, die einen reinen Wetterschutz darstellen, bis hin zu relativ großen, massiv aus Stein oder Holz gefertigten Hütten. In der folgenden Liste sind die Schutzhütten des Rennsteigs mit den Kilometerangaben von Hörschel nach Blankenstein genannt:

km	1,9	Schutzhütte am Großen Eichelberg
km	3,7	Schutzhütte Flüchtiger Hirsch an der Tiroler Platte
km	8,3	Schutzhütte am Vachaer Stein
km	11,6	Schutzhütte am Steinkreuz Wilde Sau
km	12,0	Schutzhütte an der Krummen Kahre
km	16,2	Schutzhütte am Hangstein
km	17,3	Schutzhütte am Zollstock
km	21,0	Schutzhütte Ruhlaer Häuschen
km	22,3	Schutzhütte und Rettungsstelle Auerhahn
km	25,0	Schutzhütte an der Glasbachwiese
km	27,8	Schutzhütte am Dreiherrenstein
km	29,1	Schutzhütte am Zigeunerkopf
km	29,9	Schutzhütte Brotterode
km	31,6	Schutzhütte und Rettungsstelle am Venetianerstein
km	34,5	Schutzhütte an der Grenzwiese
km	35,0	Schutzhütte am Trockenberg
km	36,3	Schutzhütte am Kleinen Jagdberg
km	39,4	Schutzhütte am Spießberg
km	40,6	Schutzhütte am Possenröder Kreuz
km	43,3	Schutzhütte am Dreiherrenstein am Hangweg

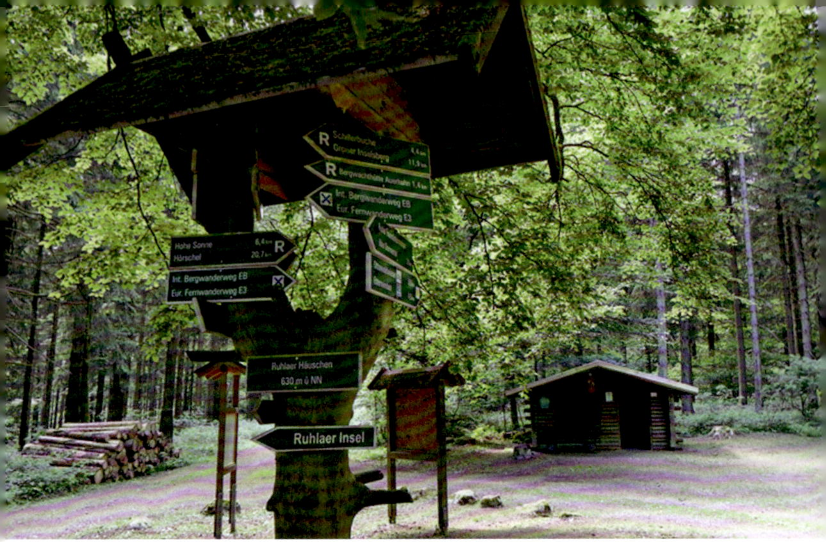

Ruhlaer Häuschen (2. Etappe)

km 45,9 Schutzhütte an der Alten Ausspanne
km 47,5 Schutzhütte am Nesselberg
km 47,8 Schutzhütte an der Neuen Ausspanne
km 48,8 Schutzhütte an der Wiedepfuhlswiese
km 50,2 Schutzhütte an der Schmalkalder Loibe
km 52,1 Schutzhütte und Rettungsstelle am Oberlautenberg
km 54,8 Schutzhütte am Wachsenrasen
km 58,0 Schutzhütte am Gustav-Freytag-Stein
km 59,5 Schutzhütte am Greifenberg
km 61,4 Schutzhütte am Grenzadler
km 62,8 Schutzhütte am Stein 16 (Dietzel-Geba-Stein)
km 65,5 Schutzhütte an der Sommerwiese
km 68,3 Schutzhütte am Großen Beerberg
km 69,4 Schutzhütte am Adler
km 71,0 Schutzhütte an der Schmücke
km 73,0 Schutzhütte am Mordfleck
km 74,4 Schutzhütte an der Alten Tränke
km 80,6 Schutzhütte am Roten Berg
km 82,6 Schutzhütte am Großen Hundskopf

km	85,8	Schutzhütte am Grenz- und Wegweiserstein
km	86,5	Schutzhütte am Straßenübergang zum Burgberg
km	87,5	Schutzhütte am Auslauf des Burgbergs
km	89,9	Schutzhütte hinter Neustadt a. R.
km	92,3	Schutzhütte an der Teufelsbuche
km	95,0	Schutzhütte am Schwalbenhaupt
km	96,9	Schutzhütte am Fehrenberg
km	100,1	Schutzhütte am Dreiherrenstein an der Hohen Heide
km	102,1	Schutzhütte an der Eisfelder Ausspanne
km	103,8	Schutzhütte an der Pechleite
km	105,5	Schutzhütte bei Friedrichshöhe
km	108,0	Schutzhütte am Dreistromstein am Kleinen Dreiherrenberg
km	109,6	Schutzhütte am Alsbachberg
km	112,0	Schutzhütte am Sandberg
km	112,8	Schutzhütte am Sandwieschen
km	114,3	Schutzhütte am Rollkopf
km	123,0	Schutzhütte am Gefallenendenkmal des Thür. Wintersportverbandes
km	123,7	Schutzhütte Laubeshütte
km	128,0	Schutzhütte am Roten Berg
km	127,8	Schutzhütte Clemens Major
km	132,2	Schutzhütte an der Schildwiese
km	145,8	Schutzhütte Zum Kurfürstenstein
km	147,0	Schutzhütte Jagdstein
km	149,5	Schutzhütte nach Hohe Tanne
km	154,5	Schutzhütte Rodacherbrunn
km	158,7	Schutzhütte am Kulmberg
km	160,0	Schutzhütte am Pferdeweg
km	164,0	Schutz- und Rasthaus am Wiesbühl

Skisport

Aufgrund der hohen Niederschläge und der relativ kalten Winter sind die Kammlagen des Thüringer Waldes schon seit jeher eine gute Skiwander- und Skilanglaufregion. Deshalb ist es auch nicht verwunderlich, dass einem auch im Hochsommer in der Region von Oberhof Personen auf Skiern (dann allerdings auf Rollerskiern) begegnen, denn Oberhof ist ein nationaler Leistungsstützpunkt für Biathlon.

Der schneesicherste Bereich befindet sich zwischen dem Sperrhügel und dem Großen Finsterberg, da dieses Gebiet durchgehend über 800 m liegt. In guten, schneereichen Wintern sind auch in den Regionen bis Ruhla und Spechtsbrunn ausgedehnte Langlauftouren möglich. Die zahlreichen Wanderparkplätze, die auch von Linienbussen angefahren werden, bieten gute Einstiegsmöglichkeiten für Skiwandertouren entlang des Rennsteigs.

i Aktuelle Auskünfte über Schneehöhen, gespurte Loipen und Skiwanderwege gibt es beim kostenlosen „Thüringer Schneetelefon" (☏ 08 00/723 64 88) und, speziell für die Region Oberhof, unter der Oberhofer Telefonnummer (☏ 03 68 42/269 21). Bei einigen Tourist-Informationen (☞ Information) können Loipenpläne angefordert werden.

Die Möglichkeiten für alpinen Skilauf sind im Thüringer Wald eher eingeschränkt. Es gibt zwar einige Liftbetriebe, die Pisten sind aber nicht sehr lang und auch nicht sehr anspruchsvoll.

Tourenplanung

Im Folgenden sind die beliebtesten Rennsteigvarianten mit Angabe der Länge der täglich zu absolvierenden Etappen und die Ausgangs- und Endpunkte der täglichen Etappen genannt:

▷ **5 Etappen: „Renner"-Variante**

1. Etappe: Hörschel – Großer Inselsberg	ca. 33 km
2. Etappe: Großer Inselsberg – Oberhof	ca. 31 km
3. Etappe: Oberhof – Masserberg	ca. 35 km
4. Etappe: Masserberg – Spechtsbrunn*	ca. 32 km
5. Etappe: Spechtsbrunn – Blankenstein	ca. 38 km

▷ 6 **Etappen: die „Klassische Pfingstrunst"-Variante**

1. Etappe: Hörschel – Großer Inselsberg*	ca. 33 km
2. Etappe: Großer Inselsberg – Oberhof	ca. 31 km
3. Etappe: Oberhof – Neustadt a. R.	ca. 25 km
4. Etappe: Neustadt a. R. – Limbach*	ca. 22 km
5. Etappe: Limbach – Steinbach am Wald	ca. 29 km
6. Etappe: Steinbach am Wald – Blankenstein	ca. 29 km

▷ **8 Etappen: „Buch"-Variante**

1. Etappe: Hörschel –Ruhla Ascherbrück*	ca. 19 km
2. Etappe: Ruhla – Spießberghaus*	ca. 21 km
3. Etappe: Spießberghaus – Oberhof/Rondell	ca. 25 km
4. Etappe: Oberhof/Rondell – Neustadt a. R.	ca. 25 km
5. Etappe: Neustadt a. R. – Friedrichshöhe*	ca. 17 km
6. Etappe: Friedrichshöhe – Neuhaus am Rennweg *	ca. 12 km
7. Etappe: Neuhaus am Rennweg – Brennersgrün*	ca. 22 km
8. Etappe: Brennersgrün –Blankenstein	ca. 28 km

▷ **10 Etappen: „Genießertour"-Variante**

1. Etappe: Hörschel – Hohe Sonne**	ca. 15 km
2. Etappe: Hohe Sonne – Grenzwiese	ca. 19 km
3. Etappe: Grenzwiese – Ebertswiese*	ca. 11 km
4. Etappe: Ebertswiese – Rondell	ca. 19 km
5. Etappe: Rondell – Schmücke*	ca. 8 km
6. Etappe: Schmücke – Neustadt a. R.	ca. 17 km
7. Etappe: Neustadt a. R. – Limbach*	ca. 22 km
8. Etappe: Limbach – Kalte Küche**	ca. 20 km
9. Etappe: Kalte Küche – Rodacherbrunn*	ca. 26 km
10. Etappe: Rodacherbrunn – Blankenstein	ca. 14 km

* nur begrenzte Übernachtungsmöglichkeiten, daher ist eine Reservierung dringend empfohlen (eventuell ist eine Etappenverlängerung oder ein Transfer nötig)

** am Etappenziel keine Unterkunft möglich – Transfer oder Etappenverlängerung erforderlich

Das „Baukastensystem" des vorliegenden Buches ermöglicht eine individuelle Tourenplanung.

☺ Für eine sichere Tourenplanung sollten immer topografische Karten hinzugezogen werden (☞ Reise-Infos von A bis Z, Karten). Der Maßstab der Karten muss mindestens 1:50.000 betragen

Unfall/Bergrettung

Im Falle eines Unfalls kann über die bekannte Notrufnummer 112 Hilfe geholt werden. Darüber hinaus gibt es im Verlauf des Rennsteigs zahlreiche Bergwarthütten, wo bei Bedarf Erste Hilfe geleistet werden kann. Einige dieser Hütten sind allerdings nur am Wochenende besetzt.

Unterkunft und Verpflegung

Entlang des Rennsteigs gibt es für jeden Geldbeutel und jeden Geschmack Unterkunftsmöglichkeiten. Sie reichen von Hotels oder Pensionen über Rennsteigbauden bis zu Jugendherbergen.

Rennsteigbauden sind einfache Unterkünfte, oft mit Mehrbettzimmern, die direkt am Rennsteig oder in dessen unmittelbarer Nähe liegen. Es ist sinnvoll, Übernachtungen telefonisch anzumelden.

Im Folgenden sind nur Unterkunfts- und Verpflegungsmöglichkeiten genannt, die in direkter Nähe des Rennsteigs liegen. Sollten diese Unterkünfte ausgebucht sein, können über die Tourist-Informationen (☞ Information) weitere Unterkünfte erfragt und gebucht werden.

In der Hauptsaison (April bis Juni sowie September und Oktober) ist das Reservieren der Unterkünfte sehr zu empfehlen.

Die Übernachtungspreise gelten pro Person und Nacht, in der Regel inklusive Frühstück.

☹ Oft wird für nur eine Nacht ein Aufschlag pro Person erhoben. Möglicherweise muss zusätzlich noch Kurtaxe gezahlt werden.

Updates

Der Conrad Stein Verlag veröffentlicht Updates zu diesem Buch, die direkt vom Autor oder von den Leserinnen und Lesern dieses Buches stammen. Sie finden diese auf der Verlagshomepage 💻 www.conrad-stein-verlag.de. Der abgebildete QR-Code führt Sie direkt dorthin.

Wandertempo

Die Planung der täglich zurückzulegenden Strecke muss die Topografie berücksichtigen. Bergab ist eine Geschwindigkeit von etwa 2,5 bis 5 km pro Stunde möglich (nur gut Trainierte schaffen 6 km pro Stunde). Bergauf reduziert sich das Lauftempo auf 1,5 bis 3,5 km pro Stunde. Diese Angaben sind allerdings nur grobe Richtlinien. Je nach Trainingszustand, Gepäckmenge, Witterungs- und vor allem Wegbedingungen können sie stark variieren. Selbst gut vorbereitete und trainierte Menschen erreichen bergauf bei schlechten Rahmenbedingungen die 3,5 km pro Stunde nur mit Mühe.

Bei der Planung sollte eher das untere als das obere stündliche Tempo zugrunde gelegt werden, zumal ja auch noch Pausen eingelegt werden.

Wegezustand

Wegen der Beliebtheit des Rennsteigs und damit verbunden der großen Anzahl an Wanderbegeisterten, muss der Rennsteig gepflegt und gut befestigt werden, damit keine Erosionsschäden auftreten.

Der Rennsteig führt insofern größtenteils über mehr oder weniger befestigte Wege (ausgetretene, teilweise befestigte Pfade oder Feldwege bis hin zu geschotterten Waldwegen) über Wiesen und durch Wälder. Einige Streckenabschnitte sind allerdings auch asphaltiert. Letzteres trifft erwartungsgemäß in den zu durchquerenden Ortschaften zu. Einige wenige Abschnitte des Rennsteigs befinden sich noch in ihrem ursprünglichen Zustand. Dort verläuft der Rennsteig dann in urwüchsigen Hohlwegen oder führt über kleine, verschlungene Pfade durch Dickicht.

In diesem Zusammenhang sei auf einen Beitrag in der Rennsteig-Zeitschrift „Das Mareile“, Neue Folge, 8. Jahrgang Nr. 3 hingewiesen: „... in den Fremdenverkehrsbüros Lehesten und Blankenstein gingen im April 2001 anonyme Schreiben zum Wegezustand des Rennsteigs im Bereich Lehesten ein: u. a. forderten diese anonymen Schreiber dazu auf, „diesen üblen Weg“ ganz zu meiden und die Strecke von Steinbach a. W. in Richtung Osten überhaupt nicht zu begehen: Es wird jedem Wanderer empfohlen, in Steinbach a. W. umzukehren.“ Dabei kann gerade in diesem Teil noch ein Stück Original-Rennsteig begangen werden, auf den noch das Gedicht von Victor von Scheffel (1863) zutrifft:

Auf Bergesscheiteln läuft ein alt Geleise,
oft ganz verdeckt vom Farnkrautüberschwang ...
Durch Laubgehölz und Tannendunkel zieht er
und birgt im Dickicht seinen scheuen Lauf.

Leider sind solche Abschnitte im „Original“-Zustand selten geworden. Zwar wurde seit 1994 der Rennsteig zahlreichen positiven Maßnahmen unterworfen (schöne Rastplätze, neue Schutzhütten, neue Aussichtspunkte und vor allem größtenteils vorbildliche Ausschilderungen), aber es wurden auch „Verschlimmbesserungen“ vorgenommen (= neue Wegabschnitte, die mit aufwendigen ABM-Maßnahmen „saniert“, d. h. mit Rindenmulch oder Sägespänen komplett geebnet wurden oder gar zu breitspurigen „Autobahnen“ ausgebaut wurden). Diese letztgenannten Maßnahmen mögen zwar das Wandern erleichtern – der Rennsteig verliert dadurch allerdings seinen urtümlichen Charakter. Umso lobenswerter ist es, wenn auf einigen Etappen der Rennsteig als Hohlweg erhalten bleibt, auch wenn das Wandern dort beschwerlicher ist.

Im Rahmen dieser Sanierungsmaßnahmen wurde seit 1994 die Streckenführung des Original-Rennsteigs teilweise verlegt, um den Wanderweg von befahrenen Straßen fernzuhalten, da an Stelle des Original-Rennsteigs inzwischen teilweise Land- oder Bundesstraßen gebaut wurden. Solche Maßnahmen, selbst wenn man dann nicht mehr auf dem Original-Rennsteig unterwegs ist, wird jeder befürworten, wenn er erst einmal die Strecke nach Steinbach am Wald absolviert hat: Hier geht es Kilometer um

Kilometer auf Asphalt direkt an der sehr stark befahrenen Frankenwald-Hochstraße entlang.

Wegmarkierung

Der Rennsteig ist während seines Verlaufs über den Kamm des Thüringer Waldes mit vier verschiedenen Markierungen gekennzeichnet:

▷ **Mareile** – weißes „R" an Bäumen und Steinen: Am meisten wird die sogenannte Mareile verwendet.

Wegmarkierung am Rennsteig

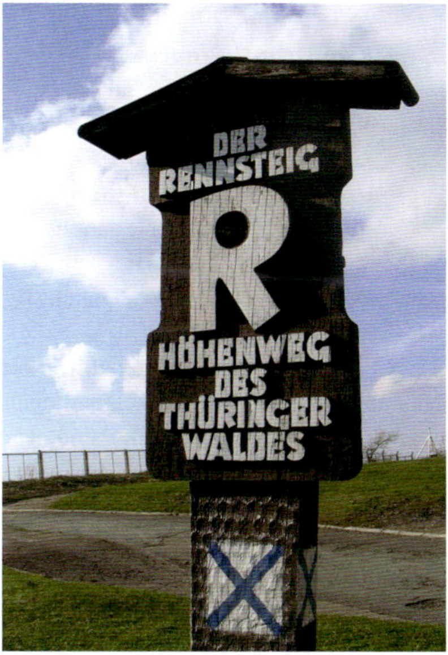

▷ **Andreaskreuz** – blaues Kreuz auf weißem Grund: Es stammt noch aus DDR-Zeiten. Früher gab es einen Erzgebirgskammweg, der von der Elbe bis zum Hainberg, also auch durch das Vogtland, verlief und mit einem blauen, vierzinkigen Kamm markiert war. Dieser Weg traf über einen Verbindungskamm (Ach bis Blankenstein) auch auf den Rennsteig. Mit der Teilung Deutschlands wurde dieser Weg allerdings zerschnitten. Als Ersatz wurde der Wanderweg Werningerode – Zittau (vom Harz über den Thüringer Wald und das Erzgebirge bis zur Neiße) geschaffen. Dieser mit Andreaskreuz markierte Weg wurde 1983 zum Eisenach-Budapest-Weg verlängert. Vereinzelt sind daher

auch noch Hinweise mit „EB“ in roten Buchstaben für den Eisenach-Budapest-Weg zu sehen.
Übrigens: Heute gibt es wieder einen Kammweg! Der durchgängig weiß-blau markierte Qualitätsweg (Wanderbares Deutschland) führt auf 289 km vom sächsischen Geising über den Kamm des Erzgebirges dicht an der Grenze zu Tschechien entlang und weiter durch das Vogtland, bis er in Blankenstein auf den Rennsteig trifft.
www.kammweg.de

Kammweg Erzgebirge-Vogtland von Blankenstein nach Geising von Stefan Markschies, Der Weg ist das Ziel, OutdoorHandbuch Band 468, Conrad Stein Verlag ISBN 978-3-86686-675-1, € 10,90

▷ **Rennsteig-Wegweiser**: Weit verbreitet sind auch Wegweiser, bei denen auf grünem Grund mit gelber oder weißer Schrift „Rennsteig“ geschrieben steht.

▷ **Hölzerne Markierungstafeln**: An wenigen Stellen ist der Rennsteig mit sehr aufwendigen, hölzernen, geschnitzten Markierungstafeln ausgeschildert. Die Schriftzüge sind in diesen Fällen zumeist: Der Rennsteig – „R“ – Höhenweg des Thüringer Waldes.

Der Rennsteig ist im ersten Teil, von der Hohen Sonne bis nach Neuhaus am Rennweg, mit den eigentlichen Rennsteig-Markierungen (Rennsteig-Wegweiser und Mareile) und dem blauen Andreaskreuz markiert. Hinter Neuhaus am Rennweg hingegen kommen nur noch Rennsteig-Wegweiser und Mareile vor.

Außerhalb der Ortschaften sind die Abstände zwischen den einzelnen Markierungen so eng, dass es kaum möglich ist, sich zu verlaufen. In Dörfern und Städten ist oft etwas Spürsinn erforderlich.

Die Rennsteigwanderung von Hörschel nach Blankenstein

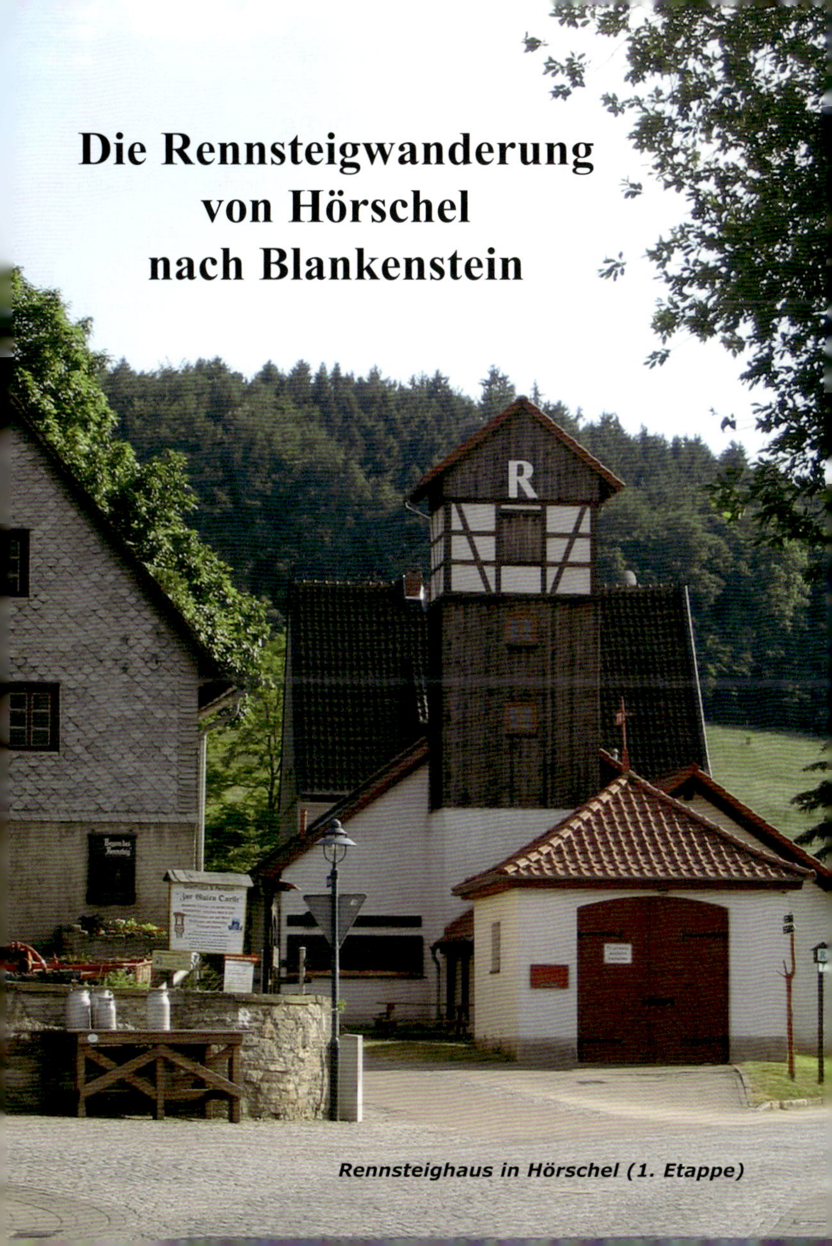

Rennsteighaus in Hörschel (1. Etappe)

Hinweise zur Wegbeschreibung

Bevor auf den folgenden Seiten der Rennsteig beschrieben wird, noch einige Informationen vorab:

Unterkunft und Verpflegung

Im Text werden alle Unterkünfte und Verpflegungsmöglichkeiten aufgeführt, die direkt am Rennsteig liegen.

Die zahlreichen, abseits vom Rennsteig liegenden Talorte sind nicht berücksichtigt. Informationen zu Unterkunftsmöglichkeiten in diesen Orten können bei den (unter ☞ Reise-Infos von A bis Z, Information angegebenen) Tourist-Informationen erfragt werden.

Die Route

▷ **Ausgangspunkt**: Für die Wegbeschreibung des Rennsteigs wurde die West-Ost-Richtung mit Hörschel als Ausgangspunkt gewählt.

▷ **Etappen**: Die Beschreibung der Rennsteigwanderung von Hörschel nach Blankenstein orientiert sich an der beliebten acht-Tages-Runst. Die vorhandene Infrastruktur lässt dabei aber viel Raum, eine Runst ganz nach den eigenen Wünschen zu gestalten. Unter ☞ Tourenplanung sind attraktive Varianten gelistet.

▷ **Wegbeschreibung**: Obwohl die eigentliche Wegbeschreibung nur rund ein Drittel des vorliegenden Wanderführers ausmacht – insofern sie auf den ersten Blick möglicherweise etwas oberflächlich erscheinen könnte – ist sie völlig ausreichend, denn der Rennsteig ist auf seiner gesamten Länge vorbildlich markiert und ausgeschildert (☞ Wegmarkierungen).

Unbedingt empfehlenswert ist es, bei der Planung der Runst einen zusätzlichen Tag für den Besuch der Wartburgstadt Eisenach zu kalkulieren. Zudem gibt es hier zahlreiche ganz unterschiedliche Übernachtungsmöglichkeiten und der „Katzensprung“ zum Startpunkt des Rennsteiges im Ortsteil Hörschel ist ganz bequem mit der Bahn machbar.

Stippvisite in Eisenach

Eisenacher Stadtgeschichte

Das an verschiedenen Handelsstraßen liegende Eisenach wurde im Jahr 1180 das erste Mal urkundlich erwähnt. Bereits 100 Jahre zuvor trat die Wartburg urkundlich zum ersten Mal in Erscheinung. Die Thüringer Landgrafen wählten die Wartburg als Hauptresidenz, was Eisenach zusammen mit der zunehmenden Bedeutung der Via Regia zu einer der einflussreichsten Städte im Herrschaftsbereich der Ludowinger werden ließ.

1226 ließ Elisabeth von Thüringen unterhalb der Wartburg ein Hospital für die arme Bevölkerung der Stadt errichten. Mit dem Tod des letzten Thüringer Landgrafen Heinrich Raspe im Jahr 1247 starb das Herrschergeschlecht der Ludowinger aus, woraufhin der thüringisch-hessische Erbfolgekrieg ausbrach. Die Auseinandersetzungen um die zukünftige Macht entschied das Geschlecht der Wettiner für sich.

Im 14. Jh. verlor Eisenach deutlich an Geltung. Martin Luther kam 1498 als Lateinschüler nach Eisenach und lebte von 1521 bis 1522 zehn Monate auf der Wartburg, wo er als Junker Jörg das Neue Testament in deutsche Sprache übersetzte. Als 1524 aufständische Bauern den sogenannten Bauernkrieg auslösten, griffen die Kämpfe schnell auch in Thüringen um sich. Die Aufständischen sahen sich durch die Reformation in ihrem Tun bestätigt, Luther jedoch distanzierte sich von den Geschehnissen. 1525 wurden mehrere vermeintliche Rädelsführer durch Enthauptung vor der Georgenkirche hingerichtet. Am 21. März 1685 wurde Johann Sebastian Bach in Eisenach geboren. 1777 besuchte Johann Wolfgang von Goethe die Wartburg. Bei diesem ersten Besuch sollte es nicht bleiben, denn der Dichter hielt sich danach mehrfach auf der Burg und in der Stadt auf.

Am 23. Januar 1840 kam Ernst Abbe in Eisenach zur Welt. Aus einfachen Verhältnissen kommend wurde ihm durch vielfältige Unterstützung ein Studium der Physik ermöglicht. Als begnadeter Wissenschaftler und Unternehmer hatte er erheblichen Anteil daran, dass die Jenaer Firma Carl Zeiss an die Weltspitze gelangte.

Bereits mit Beginn des 19. Jh. wurden die ersten Fabriken gegründet. Mit der Anbindung an das Eisenbahnnetz 1847 und der Produktionsaufnahme der Eisenacher Fahrzeugfabrik 1896 untermauerte die Stadt ihren

Anspruch als moderner Industriestandort. Mit der fortschreitenden industriellen Entwicklung wurde durch das 1879 erbaute Stadttheater auch das kulturelle Leben beflügelt. Eisenach machte sich außerdem einen Namen als vielfältiger Urlaubsort – für Leute, die es sich leisten konnten. Von dieser glanzvollen Zeit zeugen heute noch die prächtigen Stadtvillen.

Im Zweiten Weltkrieg erlitt Eisenach schwere Zerstörungen. Durch die Schließung der innerdeutschen Grenze 1952 fanden sich Stadtteile aufgrund ihrer zu großen Nähe zur BRD plötzlich in einem Sperrgebiet wieder. Trotz der noch ansässigen Automobilindustrie (Produktion des Wartburgs) verlor Eisenach rasch an Bedeutung. Schon kurz nach der Wende wurde die Produktion der Marke Wartburg eingestellt und die Firma Opel übernahm und investierte in den Produktionsstandort. Auch der Tourismus spielt heute wieder eine bedeutende Rolle und ist dank zahlreicher historischer Stätten zu einem der wichtigsten Wirtschaftszweige geworden. Eisenach war Drehort für die beliebte ARD-Serie „Familie Dr. Kleist".

Eisenach

BANK ⌘

99817, 036 91, ca. 36.450 Einw.

Tourist-Information Eisenach, Am Markt 24, 792 30, info@eisenach.info, www.eisenach.info, Mo-Fr 9:00-17:00, Sa, So und feiertags 10:00-17:00.

Hotel auf der Wartburg, 79 70, info@wartburghotel.de, www.wartburghotel.de, EZ ab € 149, DZ ab € 239, einzigartiges 5-Sterne-Hotel in exklusiver Lage

- Hotel Thüringer Hof, Karlsplatz 11, 280, info.thueringerhof-eisenach@viennahouse.com, www.viennahouse.com, EZ ab € 89, DZ ab € 139
- Göbels Sophienhotel, Sophienstr. 41, 25 10, info@sophienhotel.de, www.sophienhotel.de, EZ ab € 85, DZ ab € 130
- Hotel Kaiserhof, Wartburgallee 2, 888 90, info@kaiserhof-eisenach.de, www.kaiserhof-eisenach.de, EZ ab € 69, DZ ab € 94
- Hotel Am Markt, Markt 10, 70 20 00, info@hotel-eisenach.de, www.hotel-eisenach.de, EZ ab € 75, DZ ab € 107
- Berghotel Eisenach, An der Göpelskuppe 1, 226 60, info@berghotel-eisenach.de, www.berghotel-eisenach.de, EZ € 69, DZ ab € 114

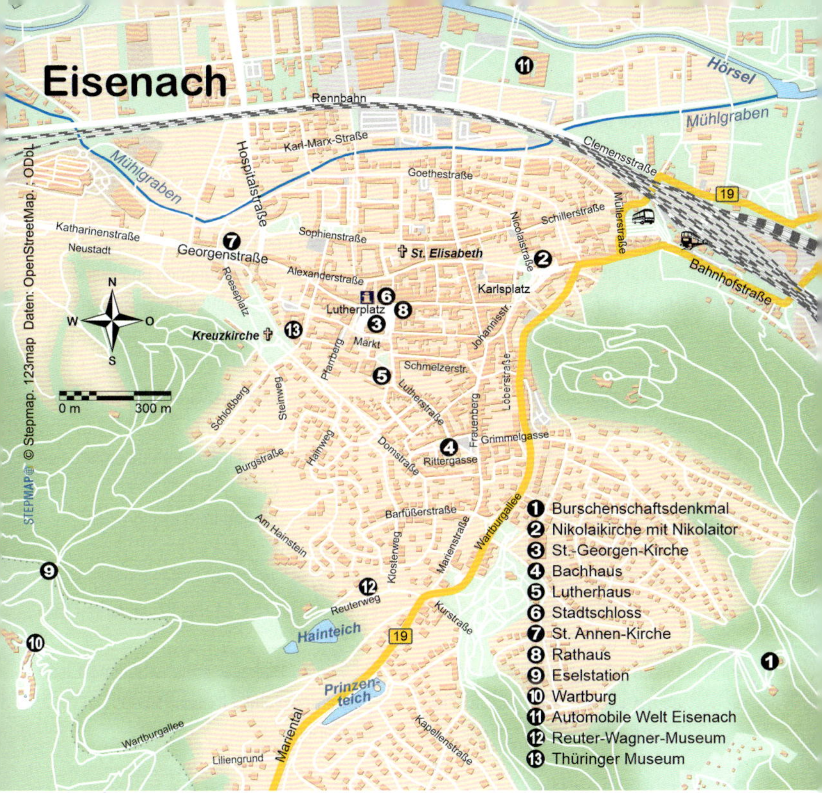

🛏 ✕ Hotel Logotel, Karl-Marx-Str. 30, ☏ 23 50, ✉ info@logotel.de, 💻 www.logotel.de, EZ ab € 72, DZ ab € 98

♦ Hotel Glockenhof, Grimmelgasse 4, ☏ 23 40, ✉ info@glockenhof.de, 💻 www.glockenhof.de, EZ ab € 69, DZ ab € 89

♦ Hotel am Bachhaus, Marienstr. 7, ☏ 204 70, ✉ info@hotel-am-bachhaus.de, 💻 www.hotel-am-bachhaus.de, EZ ab € 59, DZ ab € 94

♦ Hotel Eisenacher Hof, Katharinenstr. 13, ☏ 293 90, ✉ info@eisenacherhof.de, 💻 www.eisenacherhof.de, Übernachtungspreise bitte anfragen

♦ Hotel Haus Hainstein, Am Hainstein 16, ☏ 24 20, ✉ www.haushainstein.de, Übernachtungspreise bitte anfragen

♦ City-Hotel, Bahnhofstr. 25, ☏ 209 80, ✉ info@cityhotel-eisenach.de, 💻 www.cityhotel-eisenach.de, EZ ab € 60, DZ ab € 82

- ♦ Pension Zum Burschen, Am Ofenstein 12, ☏ 74 32 06, www.thueringen.info/pension-zum-burschen-eisenach.html, EZ € 50, DZ € 70
- ♦ Wanderpension und Gasthof Am Storchenturm, Georgenstr. 43a, ☏ 73 32 63, info@gasthof-am-storchenturm.de, www.gasthof-am-storchenturm.de, EZ ab € 35, DZ ab € 50, MBZ (3-6 Personen) ab € 25 pro Person, Frühstück € 8 pro Person, rustikal im uralten Gemäuer und spezieller Service für Wanderinnen und Wanderer
- Hotel garni Villa Anna, Fritz-Koch-Str. 12, ☏ 239 50, info@hotel-villa-anna.de, www.hotel-villa-anna.de, Übernachtungspreise bitte anfragen
- ♦ Pension Mahrets Puppenstube, Neustadt 30, ☏ 74 27 44, pension.mahret@t-online.de, www.puppenstubenhotel-eisenach.de, Übernachtungspreise bitte anfragen
- ♦ Hotel Klostergarten, Am Klosterholz 23, ☏ 78 51 66, info@hotel-klostergarten.de, www.hotel-klostergarten.de, EZ ab € 45, DZ ab € 67
- ♦ Pension im Park, Mariental 42, ☏ 819 32 69, pension-im-park@gmx.de, www.pension-im-park.de, EZ ab € 46, DZ ab € 68
- Jugendbildungsstätte Junker Jörg, Hainweg 33, ☏ 79 55 90, info@junker-joerg.net, www.junker-joerg.net, ab € 21 (bis 27 Jahre im MBZ), ab € 27 (ab 28 Jahre im MBZ), EZ ab € 31
- ♦ Pilgerherberge und Gästezimmer in der Ev.-Luth. Diakonissenhaus-Stiftung Eisenach, Karlsplatz 27-31, ☏ 26 00, reservierung@diako-thueringen.de, www.diako-thueringen.de, Zimmer bitte anfragen

⌘ Thüringer Museum. Im Stadtschloss am Markt sind kunsthandwerkliche Sammlungen und umfangreiche volkskundliche Bestände zu sehen; wechselnde Ausstellungen.

- ♦ ☏ 67 04 50, museum@eisenach.de, www.eisenach.de/kultur/museen/thueringer-museum-eisenach, Mi-So und feiertags 10:00-17:00

⌘ Lutherhaus. In dem prächtigen Fachwerkhaus am Lutherplatz wohnte der Reformator Martin Luther während seiner Eisenacher Schulzeit von 1498 bis 1501. Eine Ausstellung im ältesten Fachwerkhaus Thüringens stellt die herausragende Persönlichkeit dar.

- ♦ ☏ 298 30, info@lutherhaus-eisenach.de, www.lutherhaus-eisenach.de, täglich 10:00-17:00 (November bis März Mo geschlossen)

⌘ Bachhaus. Johann Sebastian Bach erblickte vermutlich in diesem Haus in der Straße Frauenplan das Licht der Welt. Heute beherbergt das über 600 Jahre alte Gebäude historische Zeugnisse aus dem Leben des Künstlers sowie eine große Sammlung von Musikinstrumenten.

♦ ☏ 793 40, ✍ info@bachhaus.de, 💻 www.bachhaus.de, 🚪 täglich 10:00-18:00

⌘ Reuter-Wagner-Museum. Unterhalb der Wartburg befindet sich im Reuterweg die Villa des Schriftstellers und Dichters Fritz Reuter, in der er bis zu seinem Tod lebte. Hier befindet sich auch eine umfangreiche und wertvolle Richard-Wagner-Sammlung.

♦ ☏ 74 32 93, ✍ reutervilla@web.de,
💻 www.eisenach.info/kunst-und-kultur/museen/reuter-villa, 🚪 Mi-So 14:00-17:00

⌘ Automobile Welt Eisenach. Im Museum in der Friedrich-Naumann-Straße werden über 100 Jahre Eisenacher Automobilbaugeschichte dokumentiert. Zu sehen sind Fahrzeuge der verschiedenen Epochen.

♦ ☏ 772 12, ✍ museum@awe-stiftung.de, 💻 www.awe-stiftung.de, 🚪 Di-So 10:00-18:00 (November bis März 11:00-17:00)

⌘ Das schmalste Haus. Mitten im Stadtzentrum am Johannisplatz steht ein liebevoll saniertes Haus, das so manchem wahrscheinlich gar nicht auffällt. Geschuldet ist das seiner „Größe“: Mit einer Grundfläche von 20 m^2 und einer Breite von lediglich 2,05 m – aber zwei Stockwerken! – dürfte es wohl die Auszeichnung „schmalstes bewohntes Fachwerkhaus Deutschlands“ verdient haben.

✞ Die zum Ende des 12. Jh. erbaute St.-Georgen-Kirche gilt als die bekannteste Eisenacher Kirche. Bedeutende geschichtliche Ereignisse hängen unmittelbar mit der Kirche zusammen. 1221 heiratete hier der Thüringer Landgraf Ludwig IV. die Königstochter Elisabeth. Elisabeth von Thüringen wurde vier Jahre nach ihrem Tod (1231) heiliggesprochen. Martin Luther predigte wiederholt in der Kirche und 1685 wurde hier Johann Sebastian Bach getauft. 1989 war sie Ausgangspunkt der Demonstrationen gegen das SED-Regime.

♜ Die erste urkundliche Erwähnung der Wartburg geht auf das Jahr 1080 zurück. Der Sage nach soll Graf Ludwig der Springer aus dem Geschlecht der Ludowinger die Burg aber bereits 13 Jahre zuvor gegründet haben. Im Jahr 1155 wird mit dem Bau des Hauptgebäudes begonnen, das heute als der besterhaltene romanische Profanbau nördlich der Alpen gilt. Der Sage nach war die Burganlage in den Jahren 1206/1207 Schauplatz des sogenannten „Sängerkrieges“. Bei diesem Wettstreit sollen sich berühmte Sänger wie Walther von der Vogelweide oder Heinrich von Ofterdingen in ihrer Kunst gemessen haben. Stattgefunden hat dieser künstlerische „Krieg“ nie, allerdings verdeutlicht die Geschichte anschaulich, welcher Stellenwert der Kunst zu Zeiten von Hermann I. zuteilwurde.

In den Jahren 1211 bis 1228 lebte Elisabeth von Thüringen auf der Wartburg. 1317 wurden große Teile der Burg durch einen Brand zerstört. Martin Luther kam im Jahr 1521 auf die Wartburg und übersetzte hier das Neue Testament in die deutsche Sprache. 1777 besuchte Johann Wolfgang von Goethe zum ersten Mal die Wartburg und fertigte Zeichnungen der Burg an, die heute noch existieren. 40 Jahre später versammelten sich hier anlässlich des 300. Reformationsjubiläums sowie des vierten Jahrestages der Leipziger Völkerschlacht Studenten zur ersten deutschen bürgerlichen demokratischen Versammlung.

Von 1838 bis 1890 wurde die Wartburg wiederaufgebaut. 1922 nahm die Wartburg-Stiftung ihre Arbeit auf und 1952 begann eine zweijährige Baumaßnahme. Die UNESCO nahm die Wartburg 1999 in ihre Weltkulturerbeliste auf.

Im Jahr 2007 wurde auf der Wartburg des 800. Geburtstags der heiligen Elisabeth mit zahlreichen Veranstaltungen gedacht (und im selben Jahr heiratete hier der Autor dieses Buches). Innerhalb der Gemäuer erinnern insbesondere zwei Räumlichkeiten an den Aufenthalt der heiligen Elisabeth: die Elisabethkemenate und die Elisabethgalerie im ersten Obergeschoss. Die prachtvollen Mosaike an Wänden und Gewölben der Kemenate zeigen das Leben der heiligen Elisabeth. In der Galerie wird dieses auf sechs Fresken dargestellt. Planen Sie für den Besuch der Wartburg und des Museums unbedingt genügend Zeit ein!

♦ ☏ 036 91/25 00, ✉ info@wartburg.de, 💻 www.wartburg.de, 🚪 April bis Oktober Führungen täglich 8:30-17:00, Schließung des Burgtores 20:00, November bis März

Führungen täglich 9:00-15:30, Schließung des Burgtores 17:00. Der Innenhof der Burg ist frei zugänglich, die Räumlichkeiten sind nur im Rahmen einer Führung zugänglich.

An der Wartburg startet der Elisabethpfad, der zunächst durch Eisenach und weiter zur nicht weit entfernten Creuzburg, die Elisabeths liebster Aufenthaltsort war, im gleichnamigen Ort führt. Der Weg endet an der Elisabethkirche in Marburg/Lahn. Insgesamt müssen knapp 200 km zurückgelegt werden.

Elisabethpfad, Thorsten Hoyer, Band 255, Conrad Stein Verlag, ISBN 978-3-86686-560-0, € 9,90

1. Etappe: Hörschel – Ascherbrück bei Ruhla

19 km, ca. 5 Std. 15 Min., ↑ 443 m, ↓ 84 m, ⇧ 195-561 m

0,0 km	⇧ 195 m	Hörschel
1,7 km	⇧ 311 m	Großer Eichelberg
6,4 km	⇧ 388 m	Clausberg
11,3 km	⇧ 384 m	Steinkreuz Wilde Sau
14,4 km	⇧ 433 m	Hohe Sonne
17,4 km	⇧ 519 m	Zollstock
19,0 km	⇧ 551 m	Ascherbrück bei Ruhla

Die erste Etappe führt von der Werra in Hörschel auf den dicht bewaldeten Kamm des Thüringer Waldes nach Ascherbrück. Zunächst führt der Rennsteig durch Hügelland mit Feldern, Wiesen und Weiden, wobei schnell an Höhe gewonnen wird. Vom baumlosen Großen Eichelberg eröffnet sich eine herrliche Aussicht. Haben Sie das Dorf Clausberg hinter sich gelassen, breitet sich nur noch Wald vor Ihnen aus. Nach dem Queren des Vachaer Steins, einst einer der wichtigsten Pässe des Thüringer Waldes, geht es in nur noch leichtem Auf und Ab zur Hohen Sonne. Auf den restlichen rund 4,5 km zum Ziel Ascherbrück steigt der Rennsteig allmählich in die Höhenlagen des Thüringer Waldes an. Am Ziel bietet oberhalb des Städtchens Ruhla das Hubertushaus Einkehr und Quartier.

In **Hörschel** an der Werra beginnt die von Julius von Plänckner im Jahre 1830 festgelegte und erstmals beschriebene Rennsteigroute über 168,3 km nach Blankenstein an der Saale. Hier ist mit 196 m über dem Meeresspiegel zugleich der tiefste Punkt des gesamten Rennsteigs. Gegenüber der Dorfkirche führt ein kleiner Pfad über den Hof einer Gaststätte zur **Werra**.

Gasthaus und Pension Tor zum Rennsteig, Unterstraße 2-4, 99817 Hörschel, 03 69 28/926 99 oder 01 75/482 43 87, info@rennsteig-beginn.de, www.rennsteig-beginn.de, Übernachtungspreise auf Anfrage, täglich ab 11:00, Di Ruhetag (Küche)

Der Beginn des Rennsteigs ist mit einer großen Hinweistafel gekennzeichnet. Dort steht auch ein großer Holztrog mit Steinen aus der Werra. Von hier können Sie – nach altem Brauch der Rennerinnen und Renner – einen Stein aufnehmen, ihn über den Rennsteig tragen und am Ende des Rennsteigs in die Saale werfen.

Wieder an der Dorfkirche angelangt, folgt kurz danach das **Rennsteigwanderhaus** (Naturpark-Informationszentrum) im alten Feuerwehrhaus, an dessen Turm unübersehbar ein großes weißes Rennsteig „R“ prangt. Links des Informationsbüros führt ein Weg an zwei hölzernen Schildern mit den

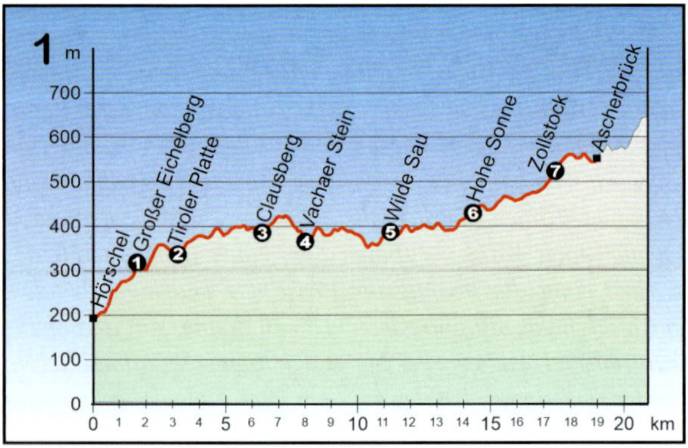

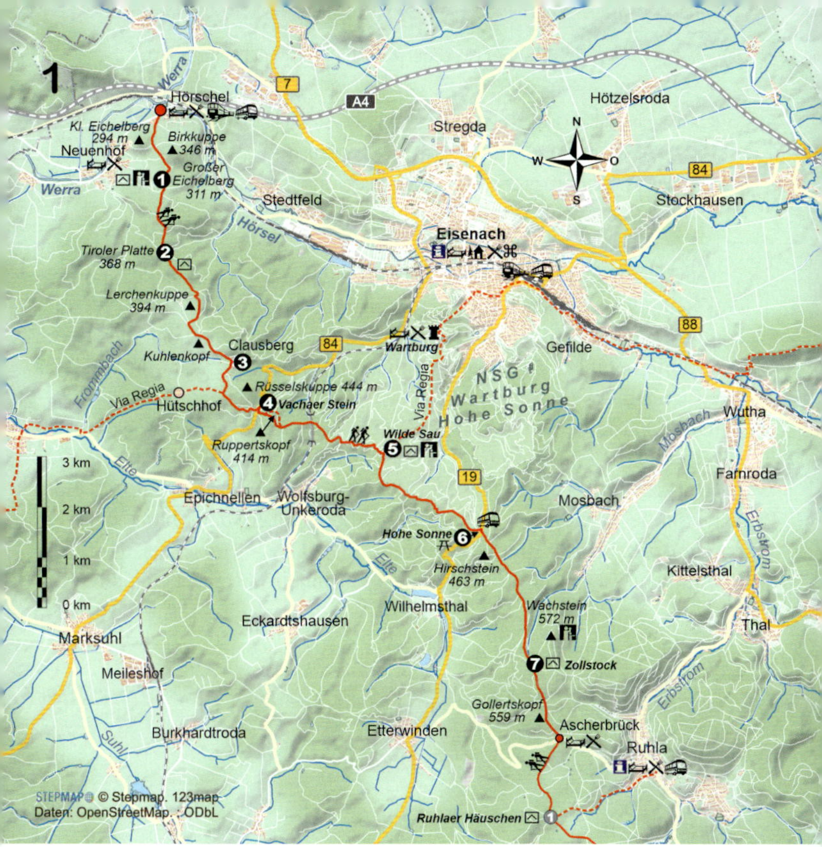

Inschriften „Rennsteig: Nach Blankenstein/Saale 171 km" und „Gut Runst" vorbei und eine Anhöhe hinauf bis zu einer Wiese, der „Blöße". Links der Wiese liegt die **Birkkuppe** und rechts der **Kleine Eichelberg**.

Der Rennsteig kreuzt danach den alten Marktpfad, der Neuenhof mit Eisenach verband, und führt weiter auf den **Großen Eichelberg** ❶ hinauf.

Vom Großen Eichelberg haben Sie eine schöne Aussicht auf Eisenach und die Wartburg (O), über den Thüringer Wald und das Werratal (SO), zum Ringgau (W) und zu den Höhen des Hainich (N).

↳ 🛏 Landhotel Zur Guten Quelle, Hörscheler Straße 14, 99817 Neuenhof, ➲ ca. 1,2 km, ☏ 03 69 28/903 75, ✉ info@landhotel-gute-quelle.de, 💻 www.landhotel-gute-quelle.de, Übernachtungspreise auf Anfrage, 🚪 Di-Sa 18:00-22:00, So 12:00-14:00 und 17:00-22:00, Mo Ruhetag

Auf dem weiteren Weg führt der Rennsteig an der Gerichtskiefer vorbei und steigt dann zwischen dem Kupferberg im Westen und dem Kupfergraben im Osten zur **Hohen Rod** an. Östlich der Wiese sind noch die Halden des Kupferbergbaus zu sehen. Westlich vom Rennsteig steht im Wald das Zechsteinriff des Franzosenfelsens.

Der Rennsteig quert die Siebertswiese und gelangt an die Wegkreuzung am Borntal. Er führt halb links nach Süden hinauf zur **Tiroler Platte ❷**.

Auf der Tiroler Platte verläuft der Rennsteig eben und führt an einer Schutzhütte mit ein paar Bänken vorbei. Neben der Hütte steht ein geschnitztes Schild „Rennsteigverein 1896 OG – Hörschel“. Nach der Ebene geht es vorbei an Kalksteinfelsen hinein in einen kleinen Wald.

Zwischen Rangenhof und Clausenberg

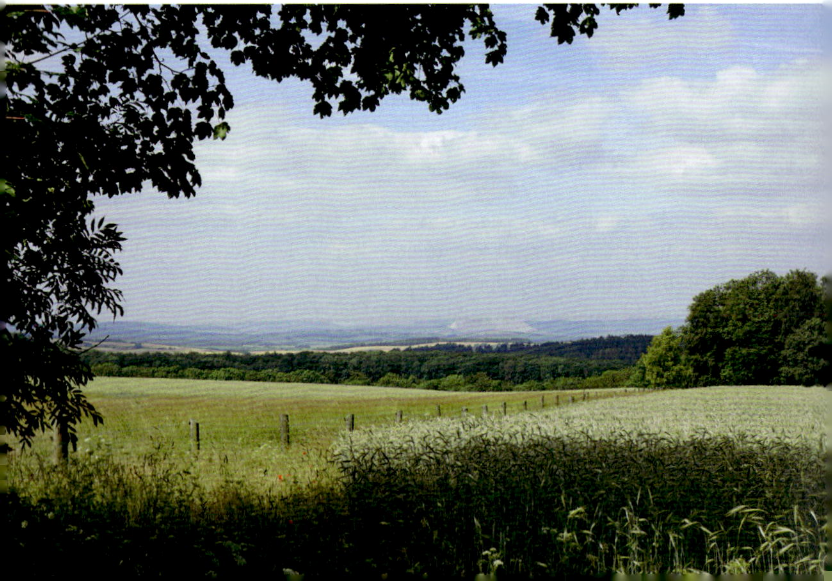

Das Sperrgebiet der ehemaligen innerdeutschen Grenze wird durch rot-weiße Pfosten und eine Informationstafel gekennzeichnet. Kurz hinter dem Grenzpfosten knickt der Rennsteig links ab und führt am Waldrand entlang hinauf zur **Lerchenkuppe**. Vom Waldrand aus kann der westlich gelegene Rangenhof und der dahinter liegende Glangeswald überblickt werden.

Von der Lerchenkuppe aus führt der Rennsteig kurzzeitig nach Südwesten und trifft auf den von Westen kommenden Wartburgpfad. An der Weggabelung knickt er scharf links ab und verläuft am Waldrand entlang nach Südosten, vorbei am Kuhlenkopf und anschließend durch Felder nach **Clausberg ❸**.

Clausberg wurde um 1330 erstmalig urkundlich erwähnt. Über die den Ort umgebenden Wege und Straßen zogen mehrfach die verschiedensten Heere. 1521 kam Luther bei seiner Reise nach Worms an Clausberg vorbei.

Der Rennsteig führt durch Clausberg hindurch, vorbei an einem alten Herrenhaus mit verwildertem Park und durch eine Kastanienallee.

Kurz nach dem Verlassen von Clausberg trifft der Rennsteig auf die Via Regia. Die historische Handelsstraße verband einst die Städte Breslau und Frankfurt/Main miteinander. Die rund 450 km lange Strecke von Görlitz bis ins von hier nahegelegene Vacha ist heute zudem als Pilgerweg markiert. Am rund 4 km entfernten Steinkreuz Wilde Sau trennen sich die beiden Wege wieder.

Via Regia – Pilgerweg von Görlitz nach Vacha von Thorsten Hoyer, OutdoorHandbuch Band 288, Conrad Stein Verlag, ISBN 978-3-86686-631-7, € 14,90

In einem großen Linksbogen führt der Rennsteig um die **Rüsselskuppe** herum und gelangt zum **Vachaer Stein ❹**, auch **Förthaer Stein** genannt, der an der Kreuzung des Rennsteigs mit der Bundesstraße 84 steht.

Der Vachaer/Förthaer Stein war ein Obelisk bzw. Wegweiser an einer 1807 vollendeten Handelsstraße, die von Leipzig nach Nürnberg führte. Diese Straße wurde Ende Oktober 1813 von Napoleon für seinen Rückzug nach der Völkerschlacht von Leipzig benutzt.

Zu DDR-Zeiten begann erst hier der Rennsteig, da die ersten 8 km inklusive Hörschel im Sperrgürtel lagen. Da der DDR-Rennsteig im Südosten auch kurz hinter Neuhaus am Rennweg – genau am Gefallenen-Denkmal – endete, war er zwischen 1945 und 1990 nur knapp 120 km lang.

Nach Querung der Bundesstraße führt der Rennsteig über den Ruppertskopf (eine von insges. 15 Kuppen auf den folgenden 7 km) und dann nach Osten weiter zum **Tunnelkopf**, einem im Jahr 1858 fertiggestellten, 570 m langen Eisenbahntunnel.

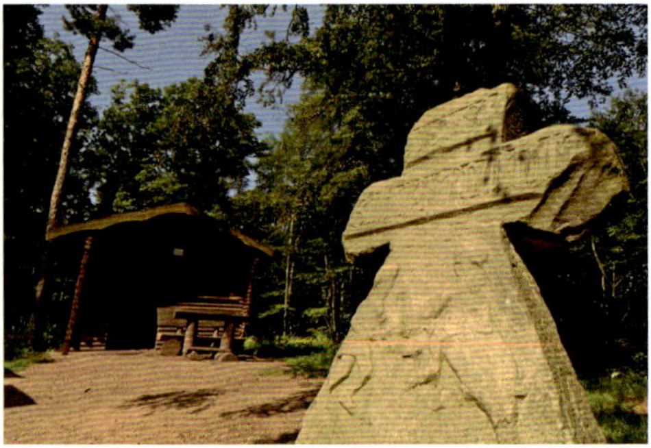

Steinkreuz Wilde Sau

Hinter dem Tunnelkopf führt der Weg nach Osten zum **Steinkreuz Wilde Sau ❺**. Dieser ca. 1,5 km lange Abschnitt sowie die folgenden 5 km verläuft der Rennsteig direkt an der Grenze des Naturschutzgebiets Wartburg – Hohe Sonne, das sich nordöstlich des Rennsteigs über 595 ha ausdehnt und zwei Totalreservate von insgesamt 23 ha enthält.

Das Steinkreuz Wilde Sau, ein Sühnekreuz in Malteserform, stammt aus dem Jahr 1483 und ist damit der älteste Stein mit Jahreszahl auf dem Rennsteig. Auf dem Sühnekreuz, das etwas abseits vom Rennsteig steht, ist ein Jagdunfall zweier Jäger mit einer wilden Sau abgebildet.

Vom Steinkreuz Wilde Sau bietet sich ein schöner Blick auf die Wartburg in Eisenach.

Hinter dem Steinkreuz biegt der Rennsteig rechts ab und führt nach Süden zur **Krummen Kahre**. Dort steht neben einer Schutzhütte ein neuer

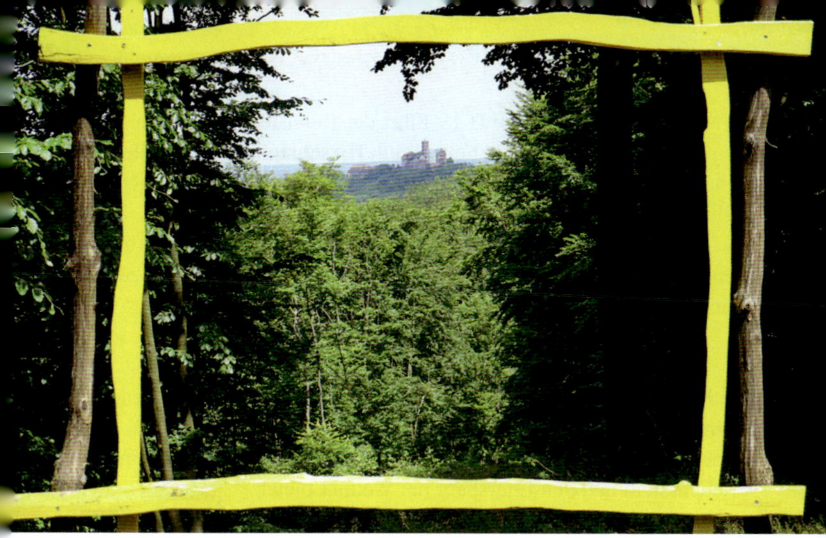

Wartburgblick

Rennsteigstein mit drei für den Rennsteig historischen Jahreszahlen: 1330 – erste Erwähnung des Rennsteigs; 1830 – Erstbegehung des Rennsteigs durch Plänckner; 1990 – Wiederbegehbarkeit in der Gesamtlänge.

An der Grenze des Naturschutzgebiets führt der Rennsteig nach Osten, vorbei an der **Totenheide** hinauf zur **Hohen Sonne** ❻ mit großem Wanderparkplatz.

Hier befindet sich ein 1747 von Herzog Ernst August von Sachsen-Weimar erbautes Jagdschlösschen. Von einem märchenhaften Anblick kann indes keine Rede sein. Jahrzehntelanger Leerstand hat der Bausubstanz so zugesetzt, dass das Gemäuer völlig marode ist. Aber es besteht Hoffnung, dass das Gebäude wieder in neuem Glanz erstrahlen kann. Ein neuer Eigentümer hat bereits den Turm mit der goldenen Sonne – daher der Name „Hohe Sonne" – zur Sanierung abnehmen lassen. Der Plan: eine Wanderherberge sowie ein gutes gastronomisches Angebot.

An der Wegkreuzung Rennsteig-Weinstraße/Nürnberger Straße stand früher ein Kreuz mit Heiligenbild, woher auch der Name Hohes Kreuz für diesen Ort stammt.

Nach Überschreiten der B 19 führt der Rennsteig über einen Schotterweg durch einen Mischwald hinauf zum **Hirschstein**. Der aktuelle Routenverlauf führt ein kleines Stück unterhalb des Gipfels nordöstlich vorbei, während die Originalroute direkt über den Hirschstein verlief.

Auf einem Schotterweg führt der Rennsteig nach Süden, vorbei an der Rennsteiggrotte (östlich vom Rennsteig gelegen) und hinauf zum **Zollstock ❼**.

Ein mit rotem Punkt auf weißem Grund markierter Weg führt in nordöstlicher Richtung hinauf zu einem Konglomeratfelsen namens **Wachstein** (⇧ 575 m), von dem sich ein schöner Blick über Moosbach, die Hörselberge, die Burgruine Scharfenberg bei Thal, auf Gotha mit dem Schloss Friedensstein und den Ettersberg bei Weimar bietet.

Auf dem Schotterweg geht es weiter nach Südsüdosten hinauf nach **Ascherbrück**.

Waldgasthof & Rennsteighotel Hubertushaus, Ascherbrück 1, 99842 Ruhla, ☏ 03 69 29/74 65 80 oder 01 62/287 07 96, hubertushaus@online.de, www.hubertushaus-ruhla.de, EZ ab € 50, DZ ab € 70, Wanderlager € 25 pro Person, täglich 11:00-22:00, Mo ab 15:00 (Ruhetag vom 01.12.-31.03.)

☺ Sind im Rennsteighotel Hubertushaus keine Zimmer vakant, folgen Sie dem Rennsteig noch ca. 1,8 km bis zur Schutzhütte Ruhlaer Häuschen. An der hiesigen Wegekreuzung führt der nach links abzweigende Weg bergab nach Ruhla, dessen Ortsmitte nach etwa 2,5 km erreicht ist.

Ruhla

99842, 03 69 29, ca. 5.500 Einw.

Naturpark-, Geopark und Touristinformation, Neuer Markt 1, ☏ 890 13, tourist@ruhla.de, www.ruhla.de, Mo und Fr 10:00-16:00, Di-Do 09:00-16:00

Hotel Arnstädter Hof, Karolinenstraße 18, ☏ 88 911, info@arnstaedter-hof.de, www.arstaedter-hof.de, EZ € 47, DZ € 68, bitte anfragen

Pension & Café Jung, Carl-Gareis-Straße 31, ☏ 89 128,
cafepensionjung@ruhla-home.de www.ruhla-home.de, EZ € 49, DZ € 69,
Di-Fr 06:00-18:00, Sa-17:00, So und Mo Ruhetag

Gästehaus Regina, Wintersteiner Straße 9, ☏ 86 219,
gaestehaus.regina@t-online.de, www.gaestehaus-regina.de, EZ € 67,
DZ € 94

♦ Gästehaus Zager, Breitenbergstraße 1a, ☏ 803 12 oder 01 51/51 73 60 95,
kontakt@gaestehaus-zager.de, www.gaestehaus-zager.de, EZ € 30,
DZ ab € 50

2. Etappe: Ascherbrück – Spießberghaus

20,6 km, ca. 5 Std. 45 Min., ↑ 553 m, ↓ 399 m, ⇧ 551-913 m

0,0 km	⇧ 551 m	Ascherbrück bei Ruhla
1,8 km	⇧ 629 m	Ruhlaer Häuschen
6,1 km	⇧ 645 m	Zur Wallfahrt am Rennsteig
8,7 km	⇧ 735 m	Waldschänke Dreiherrnstein
13,5 km	⇧ 913 m	Großer Inselsberg
18,8 km	⇧ 686 m	Heuberghaus
20,6 km	⇧ 706 m	Spießberghaus

Ab Ascherbrück warten zahlreiche kräftige Anstiege darauf, bewältigt zu werden. Anstrengend sind vor allem die Anstiege hinauf zum Gerberstein (⇧ 729 m), zum Großen Weißenberg (⇧ 747 m), zum Oberen Beerberg (⇧ 841 m) und nicht zuletzt zum Großen Inselsberg (⇧ 916 m), der überschritten wird. Auch wenn es danach nicht mehr höher hinaus geht, warten mit dem Trockenberg (⇧ 808 m) sowie dem Großen (⇧806 m) und Kleinen Jagdberg (⇧ 726 m) noch weitere Gipfel auf. Dicht aufeinander folgen mit Heuberg- sowie Spießberghaus wohlverdiente Quartiere für die Nacht.

Am Waldgasthaus & Rennsteighotel Hubertushaus führt der Rennsteig an der dortigen Wegkreuzung nach rechts, verläuft einige Meter auf einer Fahrstraße und biegt dann links von der Fahrstraße ab. Nach der Kreuzung mit einem anderen Wanderweg (Ruhla – Bad Liebenstein) geht es steil hinauf zum **Ruhlaer Häuschen** (⇧ 630 m) ❶.

Ab dem Ruhlaer Häuschen ist der Rennsteig historisch nachweisbar. Von hier zweigt nach Südwesten der Sallmannshäuser Rennsteig ab. Ein anderer Fernwanderweg, der Rennsteig-Rhein-Wanderweg vom Inselsberg nach Engers (Rhein), zweigt hier ebenfalls vom Rennsteig ab. Hinter der Wegkreuzung am Ruhlaer Häuschen führt der Rennsteig nach Südosten weiter hinauf zum **Triniusblick** (⇧ 642 m).

Der Triniusblick bietet eine gute Aussicht in nördliche Richtung.

In einem leichten Rechtsbogen umgeht der Rennsteig die vom Höllkopf nach Nordosten herabziehende Flanke und erreicht den **Auerhahn** ❷ mit der dort gelegenen massiven Schutzhütte und Rettungsstelle. Sie wurde 1980 anstelle einer Jagdhütte errichtet.

Nahezu eben geleitet der Rennsteig zu einer südöstlich gelegenen großen Wegkreuzung (Sechs Wege treffen hier zusammen) namens **Große Meilerstätte**.

Der Name stammt aus früheren Zeiten, als an diesem Punkt noch zahlreiche Holzkohlenmeiler standen, die die Schmelzhütten der Umgebung mit Holzkohle versorgten.

Gut 500 m später erreicht der Rennsteig kurz vor dem **Glöckner** eine Weggabelung. Dort verläuft er auf dem links weiterführenden Weg.

Etwas westlich des Rennsteigs liegt das Rennsteig-Ehrenmal für im Ersten Weltkrieg gefallene Mitglieder des Rennsteigvereins (➲ ca. 200 m).

Hinter dem Glöckner führt der Rennsteig hinab zur **Glasbachwiese** ❸. Dort muss eine Straße gekreuzt werden.

Imbiss "Zur Wallfahrt am Rennsteig", ☏ 03 69 61/74 80 00, Mai bis September Di-So 10:00-18:00, übrige Monate 11:00-17:00, Mo Ruhetag

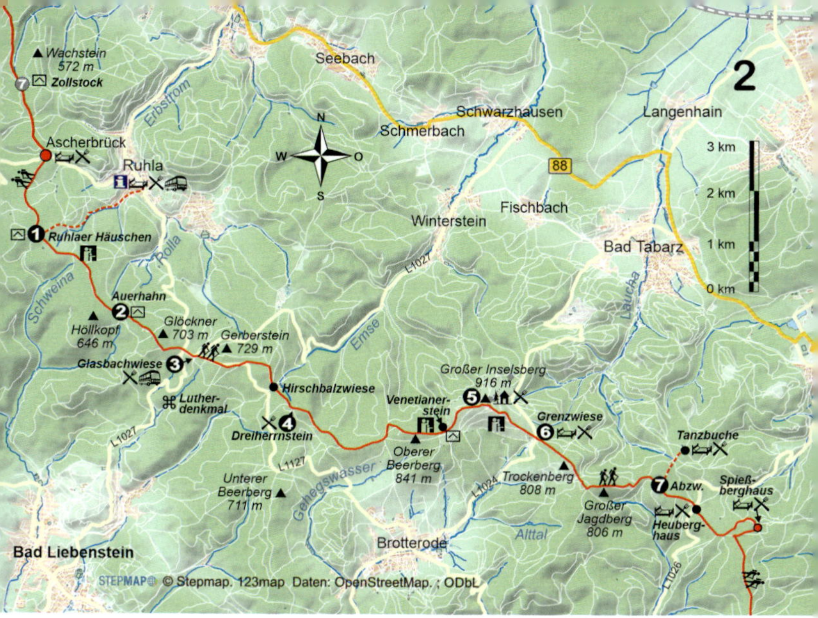

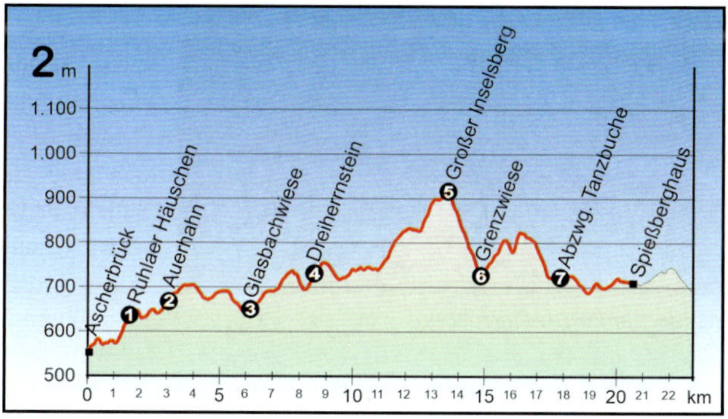

Etwa 1 km nördlich der Kreuzung befindet sich der westlichste der insgesamt 13 Dreiherrensteine auf dem Rennsteig aus dem Jahr 1643. Ein Dreiherrenstein markiert einen Grenzpunkt, an dem drei regionale Grenzen zusammenstoßen.

Ein paar Meter hinter der Kreuzung steht an der Straße nach Winterstein die **Schillerbuche.** Die Buche, die in dem weitestgehend mit Fichten bewachsenen Forst besonders auffällt, erhielt 1905 anlässlich des 100. Todestages des berühmten deutschen Dichters Friedrich von Schiller (1759-1805) dessen Namen.

↬ Kurz hinter der Schillerbuche zweigt rechts ein weiß-grün-weiß markierter Weg zum ⌘ **Lutherdenkmal** ab. Am Lutherdenkmal wurde am 4.5.1521 Luther festgenommen und zu seinem Schutz auf die Wartburg gebracht.

↬ Ein gelb gekennzeichneter Weg führt direkt über den 729 m hohen Gerberstein. Der **Gerberstein** wurde bereits im Jahre 935 als Gervenstein erwähnt. Er ist damit der älteste urkundlich genannte Punkt des Rennsteigs.

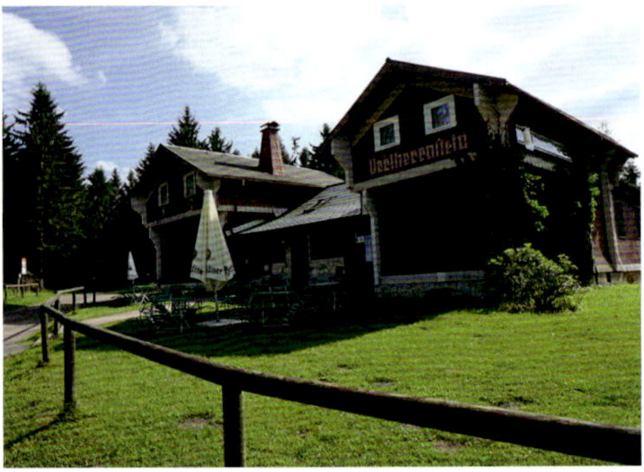

Waldschänke Dreiherrnstein

An der Wegkreuzung führt der Rennsteig erst rund 500 m nach Osten, um dann scharf rechts abzuknicken und am Hang des Großen Weißenberges wieder steil nach Süden zur **Hirschbalzwiese**, auch Dürre Wiese genannt, hinunterzuführen.

Wenige Hundert Meter weiter wird gegenüber der 1911 erbauten **Waldschänke Dreiherrnstein** ❹ das 1913 eingeweihte Denkmal des Rennsteigdichters Victor von Scheffel (1826-1886) erreicht.

✕ Waldschänke Dreiherrnstein, ☏ 03 68 40/310 11 oder 📱 01 72/767 20 08, ✉ info@dreiherrnstein.de, 💻 www.dreiherrnstein.de, 🚪 Fr-So 11:00-17:00, Mo-Mi „je nach Wetterlage“, Do Ruhetag

An der dortigen Wegkreuzung zweigt rechts der Brücknersche Rennsteig, auch als Ur-Rennsteig oder Breitunger Rennweg bekannt, nach Süden in Richtung zum Werratal ab. Er führt über den Unteren Beerberg, den Rennwegskopf, den Judenkopf und Bairoda nach Breitungen.

An diesem Punkt ist der nächste der Dreiherrensteine des Rennsteigs zu sehen. Dieser **Dreiherrenstein** markierte einst die Grenze zwischen Kurhessen, Sachsen-Gotha und Sachsen-Meiningen.

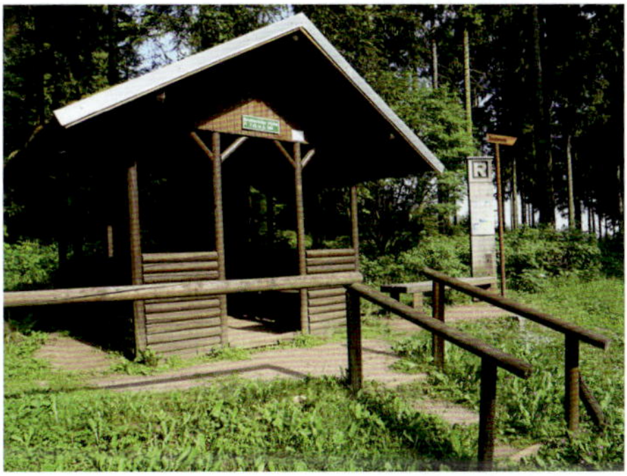

Brotteroder Hütte

In einem weiten Linksbogen führt der Rennsteig weiter über den Zigeunerkopf zur **Brotteroder Hütte**. Hinter der Brotteroder Hütte führt der Rennsteig kurz nach Norden, knickt dann nach Osten ab und steigt zum **Oberen Beerberg** (⇧ 841 m) an.

➪ Auf diesem Wegstück gibt es rechts einen Abzweig zum Oberen Beerberg. Von dort bietet sich nach Norden eine schöne Aussicht.

Ungefähr auf der Höhe des Oberen Beerbergs führt der Rennsteig weiter nach Osten zum dort gelegenen **Venetianerstein** und der etwas tiefer gelegenen Günter-Lesser-Hütte.

Vom Venetianerstein aus bietet sich ein schöner Blick auf die Täler im Nordwesten des Großen Inselsbergs.

Hinter dem Venetianerstein geht es nun nach Nordosten steil hinauf zum **Großen Inselsberg** (⇧ 916 m) ❺.

Der Aufstieg führt durch ein 1,36 km² großes Naturschutzgebiet, das sich vor allem durch Rotbuchenbestand auszeichnet. Ein Teil dieses Waldes ist als Totalreservat ausgeschrieben, das heißt, dort wird keine Pflege vorgenommen, sondern der Natur freien Lauf gelassen.

Das Vulkanmassiv des Großen Inselsbergs ist zwar nicht der höchste, aber der markanteste und meistbesuchte Berg im Thüringer Wald. Die weite Aussicht, die gute Verkehrsanbindung, die dortige Gastronomie sowie gute Wintersportmöglichkeiten (Abfahrtshang mit Schlepplift) sorgen für regen Tourismus.

Auf dem Gipfel des Großen Inselsbergs gibt es eine Gaststätte, eine Jugendherberge, einen UKW- und einen Fernsehturm sowie einen Aussichtsturm von 1939.

Jugendherberge Großer Inselsberg, ☏ 03 62 59/15 98 70 oder 01 52/31 70 65 19, kontakt@herberge-inselsberg.de, www.herberge-inselsberg.de, ab € 22 pro Person zzgl. Bettwäsche und Handtuch

Berggasthaus Stöhr, ☏ 03 68 40/324 25, www.berggasthof-stoehr.de, Mi-So 10:00-18:00, Mo und Di Ruhetag

Turmaussicht vom Großen Inselsberg

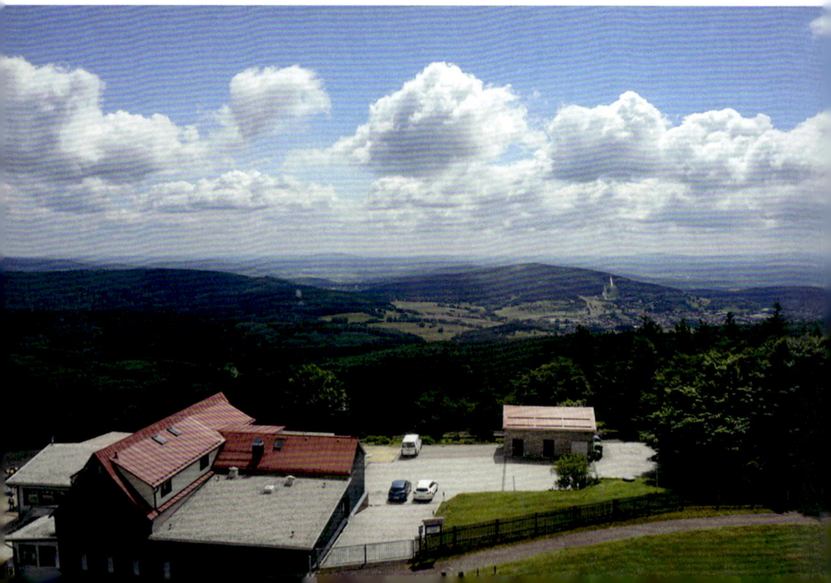

1649 wurde hier erstmalig eine Jagdhütte erbaut, der 1810 ein weiteres Gebäude als Herberge hinzugefügt wurde.

Vor dem Gasthaus führen Stufen hinab zum Parkplatz am Großen Inselsberg. Auf dem Rennsteig geht es geradeaus weiter zu den **Reitsteinen**.

Von den Reitsteinen bietet sich ein guter Blick in das Brotteroder Tal.

Hinter den Reitsteinen gibt es einen kleinen Fußpfad, der relativ steil hinabführt. Linkerhand dieses Pfads führt ein besser ausgebauter Weg hinunter zur Asphaltstraße, wo er mit dem Fußpfad wieder zusammentrifft. Die letzten Höhenmeter runter zur **Grenzwiese** ❻ verlaufen auf einer asphaltierten Straße.

Pension & Gasthaus Haus am Reitstein, ☏ 03 68 40/324 94, info@haus-am-reitstein.de, www.haus-am-reitstein.de, EZ ab € 35, DZ ab € 50. Zum Zeitpunkt der Überarbeitung des vorliegenden Wanderführers (Mai 2021) war das Angebot aufgrund von Renovierungsarbeiten eingeschränkt.

♦ Hotel & Gasthaus Kleiner Inselsberg, ☏ 03 68 40/324 53, hotel-kleiner-inselsberg@t-online.de, www.hotel-gasthof-kleinerinselsberg.mydirectstay.com, EZ ab € 48,50, DZ ab € 77

Der Name Grenzwiese stammt aus der Zeit, als die Wiese die Grenze zwischen Sachsen-Gotha (seit 1920 Thüringen) und der hessischen Exklave der Herrschaft Schmalkalden markierte.

Am Hotel & Gasthaus wird die Straße zwischen Brotterode und Tabarz gequert und am linker Hand gelegenen großen Ausflugsparkplatz vorbei geht es geradeaus weiter nach Südosten.

Am Ende des Parkplatzes zweigt der Rennsteig halb rechts von dem asphaltierten Weg ab und führt über den **Trockenberg**. Dem kurzen Abstieg zur **Gabelwiese** folgt ein sehr steiler Aufstieg zum **Großen Jagdberg**. Oben angekommen zweigt der Rennsteig links ab und führt hinunter

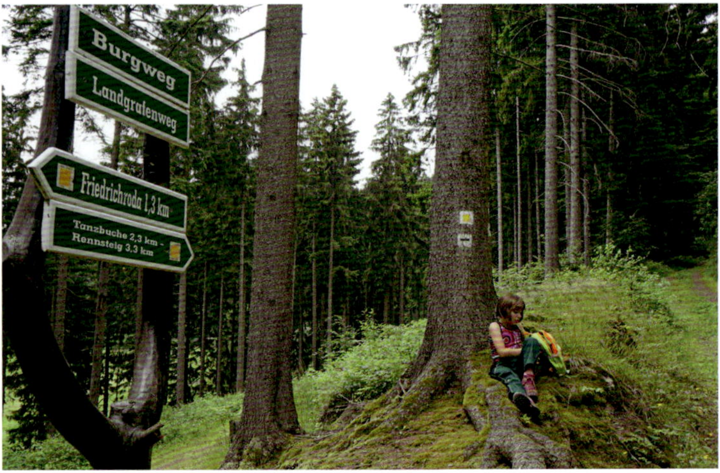

Auf dem Weg von Friedrichroda zum Rennsteig

zu einer befestigten Straße. Hier markiert ein Hinweisschild den Abzweig ❼ nach links zum 800 m entfernten Waldrestaurant Tanzbuche, von dem sich ein schöner Blick zurück auf den Großen Inselsberg bietet.

Hotel & Berggasthof Tanzbuche, ☏ 036 23/36 99 00, info@tanzbuche.de, www.tanzbuche.de, EZ € 80, DZ ab € 110

Direkt am Weg liegt das Grab von Willi Benner, einem Soldaten, der an dieser Stelle am 7.4.1945 von SS-Angehörigen als Deserteur erschossen wurde.

Der Fahrstraße weiter folgend erreichen Sie nach ca. 500 m das **Heuberghaus** 🚌.

Berggasthaus Heuberghaus, ☏ 036 23/30 44 92, info@heuberghaus.de, www.heuberghaus.de, Ferienwohnungen ab € 60 (Mindestaufenthalt 2 Nächte!). Die Gaststätte Heuberghaus liegt an der alten, 1840 als Passstraße erbauten Straße Friedrichroda – Kleinschmalkalden.

Am Heuberghaus quert der Rennsteig die Straße, verläuft zunächst parallel der Zufahrtsstraße zum Spießberghaus und zweigt von dieser etwa 800 m vor dem Spießberghaus nach rechts ab. Zum Übernachten im herrlich gelegenen Spießberghaus wird also der Zufahrtsstraße gefolgt.

Hotel & Berggasthof Spießberghof, ☏ 036 23/36 35 00, info@spiessberg.de, www.spiessberg.de, EZ € 75, DZ € 90

3. Etappe: Spießberghaus – Oberhof/Rondell

25,2 km, ca. 6 Std. 30 Min., ↑ 406 m, ↓ 284 m, ⇧ 692-901 m

0,0 km	⇧ 706 m	Spießberghaus
2,1 km	⇧ 694 m	Am Kreuz
5,7 km	⇧ 726 m	Ebertswiese
9,1 km	⇧ 717 m	Neue Ausspanne
16,2 km	⇧ 811 m	Wachsenrasen
22,8 km	⇧ 840 m	Grenzadler
25,2 km	⇧ 827 m	Oberhof BANK

Die dritte Etappe ist mit rund 25 km zwar etwas länger, dafür stehen aber auch weniger Höhenmeter an. Vom Spießberghaus an dominieren die für den Thüringer Wald typischen Fichtenforste. Eine überraschende Unterbrechung ist die herrliche Ebertswiese, wohl eine der schönsten Bergwiesen des gesamten Thüringer Waldes. Sie gelangen zu einer weiteren Bergwiese, der Wiedepfuhlswiese, bevor die Wanderung durch den Wald zum Grenzadler führt. Da das Gebirge immer breiter wird, sind kaum noch Ausblicke auf das Vorland möglich. Die Sicht reicht zumeist nur bis zu den nächsten Gipfeln in Kammnähe. Zu Füßen des historischen Wegpunktes Grenzadler befinden sich die Schanzen des Wintersportortes Oberhof. Auf dem Weg Rondell, dem Ziel der Etappe, muss noch der Schützenberg überquert werden, dann erwartet Sie Oberhof.

Vom Spießberghaus führt ein rund 500 m langer Weg wieder zurück zum Rennsteig. Die Wanderung verläuft zum **Spießberg** (⇧ 749 m) hinauf und danach wieder hinunter zum **Possenröder Kreuz**, einem Malteserkreuz aus Zechsteinkalk, das erstmals 1522 erwähnt wurde.

Der Rennsteig führt nach Süden an zahlreichen Grenzsteinen vorbei und erreicht bei km 41,9 eine Freiwaldgrenze namens **Gleichisch Gehäu**, die durch drei nebeneinanderstehende Steine gekennzeichnet ist. Dieser Freiwald ist im Besitz von sieben in der Nähe Gothas liegenden Gemeinden.

Nach ungefähr 1,5 km wird der **Dreiherrenstein am Hangweg** erreicht.

Der Dreiherrenstein markierte von 1572 bis 1641 die Grenze zwischen Hessen sowie den sächsischen Ämtern Tenneberg und Georgenthal.

An dieser Stelle biegt der Rennsteig links ab, verlässt den Fahrweg und führt nach Süden zur **Ebertswiese ❶.**

🛏 ✕ Berghotel Ebertswiese, ☏ 036 83/60 64 51, ✉ berghotel@ebertswiese.de, 💻 www.ebertswiese.de, EZ € 70, DZ € 100, Mehrbettzimmer ab € 35 pro Person, 🚪 Do-Mo ab 11:00, Di und Mi Ruhetag.

↳ 🏊 Etwa 600 m vom Berghotel entfernt, befindet sich der traumhaft schön gelegene Bergsee Ebertswiese. Hier können Sie sich in ✕ Kurtis Baude stärken, 🚪 täglich 11:00 bis 18:00, allerdings wetterabhängig.

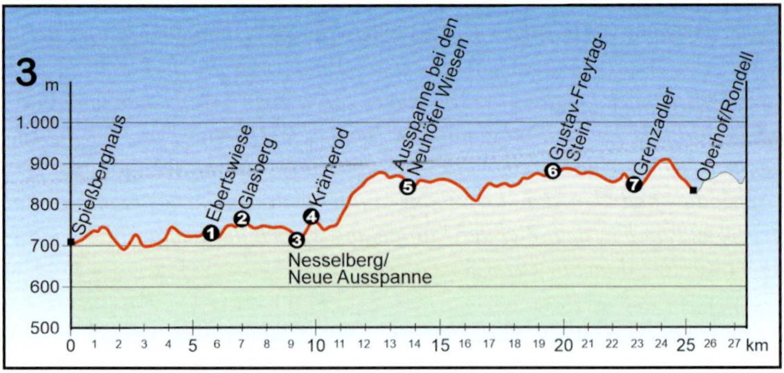

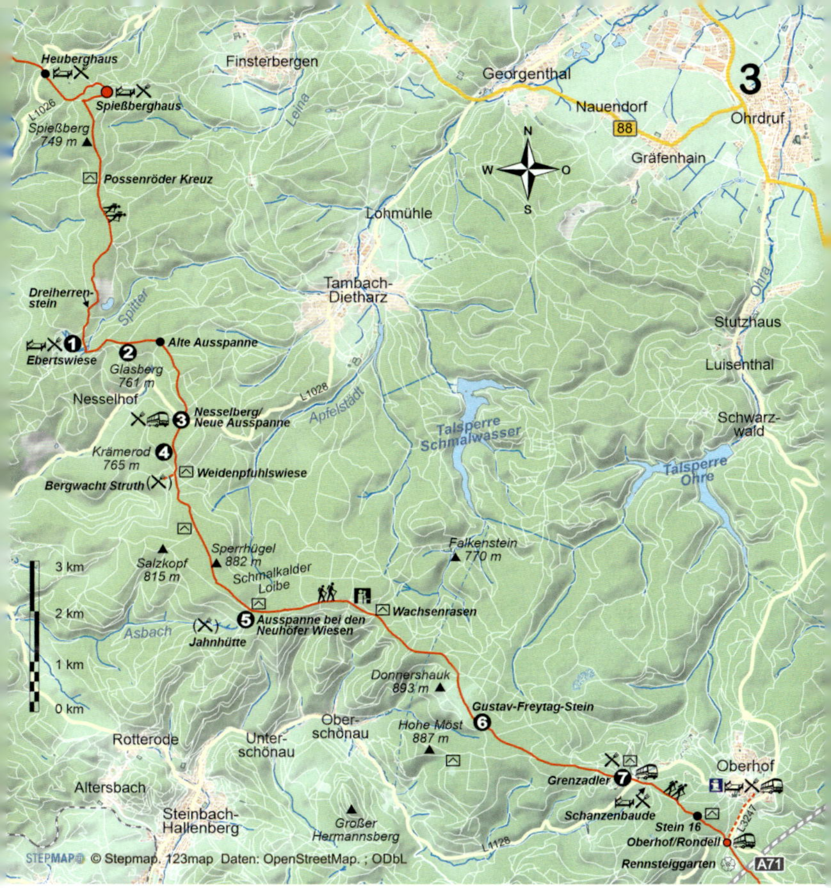

Die Ebertswiese ist ein sumpfiges Wiesengelände im Quellgebiet der Spitter und wurde bereits 1039 unter dem Namen Eberhardesbruccen (namensgebend war der Georgenthaler Abt Eberhard) als Grenzpunkt und Hauptübergangsstelle alter Straßen erwähnt, die über das Gebirge führten und die Frankfurt, Nürnberg, Leipzig und Erfurt miteinander verbanden.

Weiter geht es direkt über die sumpfige Ebertswiese. Am Waldrand überquert der Rennsteig mittels einer kleinen Holzbrücke die Spitter.

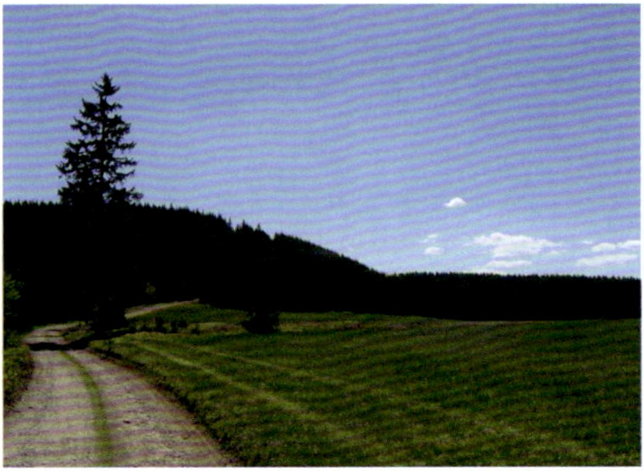

Ebertswiese

Der Rennsteig, der nicht nur einen Grenzweg, sondern auch eine Wasserscheide darstellt, überquert auf seiner gesamten Länge insgesamt nur zwei Bäche/Flüsse.

↬ An dieser Stelle ist ein Abstecher zum 1 km entfernten Spitterfall möglich. Unterhalb der Ebertswiese stürzt die Spitter als höchster natürlicher Wasserfall des Thüringer Waldes in drei Stufen 19 m in die Tiefe.

Als breiter Waldweg führt der Rennsteig durch einen reinen Fichtenforst (Fichtenforste werden die folgenden 20 km Wegstrecke dominieren) hinauf zur **Nägelstedter Girn**. Heute noch sind dort die Fundamente der Drahtseilbahn zu sehen, die ehemals den Bergsee (früher Steinbruch) mit dem Spittertal verband.

Der Rennsteig verläuft auf einem Waldweg über den **Glasberg** ❷ und erreicht einen halben Kilometer später die **Alte Ausspanne**.

Hier kreuzt der Rennsteig die seit dem 14. Jh. betriebene Straße (heute Fahrweg) von Tambach-Dietharz nach Schmalkalden. Dieser Wegabschnitt ist Teil einer Straße, die Nürnberg mit Hamburg verband, aber auch eine West-Ost-Verbindung darstellte.

Postkutschen und Kutschen mit Waren benutzten diese Straße und es wurden auf dieser Anhöhe die zusätzlichen, im Tal angespannten Pferde, wieder ausgespannt (daher der Name „Ausspanne“, der Ihnen im Verlauf des Rennsteigs noch öfter begegnen wird).

Die Straße wurde zwischen 1781 und 1791 grundlegend überholt. Altes Pflaster aus dieser Zeit ist teilweise noch erhalten. Die etwas ungünstige Lage der Alten Ausspanne führte im Jahr 1828 zum Bau der Neuen Ausspanne.

Der Rennsteig knickt nach Süden ab, führt über den **Nesselberg** (⇧ 714 m) ❸ und weiter zur **Neuen Ausspanne** 🚌.

Die Neue Ausspanne ist die Kreuzung des Rennsteigs mit der im 16. Jh. entstandenen Straße von Tambach-Dietharz nach Schnellbach.

✗ Rennsteighaus Neue Ausspanne, täglich 10:00-17:00

Direkt nach dem Überqueren der Straße erblicken Sie einen auffälligen großen Stein mit preußischem Adler. Eine nebenan stehende Hinweistafel beschreibt die Bedeutung dieses Grenzsteins: Der Rennsteig war auch im 19. Jahrhundert auf weiten Strecken die amtliche Grenze zwischen verschiedenen mitteldeutschen Kleinstaaten (heute Hessen und Thüringen). Das Gebiet nördlich des Kammwegs zwischen Inselsberg und Oberhof gehörte zum Herzogtum Sachsen-Coburg und Gotha (1826). Das südlich gelegene Territorium des späteren Kreises Schmalkalden war eine Exklave des Kurfürstentums Hessen Kassel (seit 1803), das in Folge des Krieges von 1866 preußisch wurde. Die Schnittpunkte der schmalkaldischen Grenze mit den Hauptverkehrsstraßen markierte man mit dem preußischen Adler, der als Grenzadler in den Sprachgebrauch einging.

Der folgende Aufstieg zum **Krämerod** (⇧ 765 m) ❹, einem südlich der Neuen Ausspanne gelegenen Berg, ist relativ steil.

Im Abstieg vom Krämerod gabelt sich der Weg. Der eigentliche Rennsteig verläuft geradeaus, eine links abbiegende Variante wird von Grenzsteinen gesäumt. Beide Wege vereinigen sich allerdings nach kurzer Zeit wieder an der **Wiedepfuhlswiese**.

✗ Etwa 250 m von der Schutzhütte an der Wiedepfuhlswiese entfernt, befinden sich die Hütten des Bergrettungsvereins Struth-Helmersdorf e. V. An den Wochenenden kann für einen Imbiss eingekehrt werden; passt das Wetter und ist die Fahne gehisst, gibt's Stärkung auch Di und Mi, 11:00-17:00, 01 71/732 26 79 (Hüttenhandy). Es gibt Übernachtungsmöglichkeiten ab € 10 pro Person (12 Betten, Mindestbetrag pro Nacht € 50), Anfragen hierzu 01 51/57 14 92 94 oder huette@bergrettung-struth.de, www.bergrettung-struht.de.

An der folgenden Weggabelung am Ende des flachen Wegstücks biegt der Rennsteig nach links ab und führt in einem steilen Geröllhohlweg hinauf zum **Sperrhügel** (⇧ 882 m).

Während des Aufstiegs zum Sperrhügel bietet sich nach hinten noch einmal ein guter Blick über die Ebertswiese auf den Großen Inselsberg, bei guter Sicht sogar bis zur Thüringischen und Hohen Rhön.

Wer den Aufstieg zum Sperrhügel in den Beinen hat, kann sich vorstellen, was für eine Herausforderung der jährlich ausgetragene GutsMuths-Rennsteiglauf (fast 73 km von Eisenach nach Schmiedefeld) darstellt.

Oben am Sperrhügel angekommen, geht es weiter zur **Schmalkalder Loibe** (⇧ 882 m), wobei der Weg mit zunehmender Höhe immer mooriger wird. Teilweise sind neben kaum mehr passierbaren Abschnitten des Rennsteigs weitere Trampelpfade im Moor entstanden.

Früher bezeichnete der Begriff Loibe den gesamten Thüringer Wald. Später wurde er auf einzelne Waldgebiete beschränkt. Heutzutage ist er nur noch für einige Straßen oder Wege geläufig.

Einen knappen Kilometer später wird die **Ausspanne bei den Neuhöfer Wiesen ❺** erreicht. Der Rennsteig kreuzt hier die ehemalige Straße (heute Fahrweg) von Tambach-Dietharz nach Steinbach-Hallenberg. Die alternative Bezeichnung Neuhofswiesen bezieht sich auf einen herrschaftlichen Viehhof, der vom 16. bis zum 19. Jahrhundert bestand. Am oberen Ende der etwas südwestlich des Rennsteigs gelegenen Wiese steht die Paul-Schlösser-Hütte der Bergwacht (015 22/899 88 69, www.bergwacht-rotterode.de) und am unteren Ende die Jahnhütte des Schmalkaldener Wandervereins.

Jahnhütte an den Neuhöfer Wiesen, nur am Wochenende, nach Anmeldung kann auch übernachtet werden (€ 10 pro Person) ☏ 036 83/60 19 51, info@jahnhuette-rennsteig.de, www.jahnhuette-rennsteig.de

Hinter der Ausspanne verläuft der Rennsteig erst auf einem breiten Weg und zweigt dann nach ungefähr einem Kilometer von diesem als kleiner Pfad links ab, der auf morastigem Untergrund weiter nach Südosten führt.

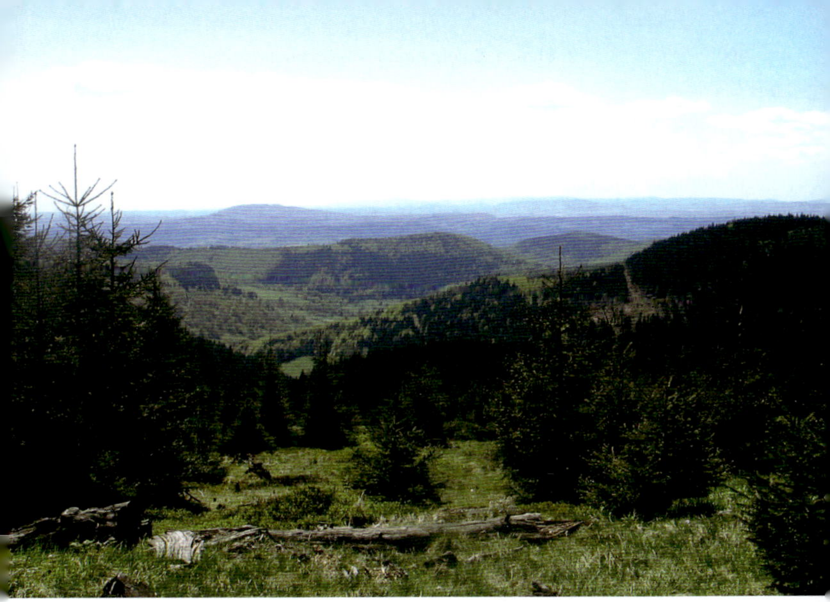

Blick Richtung Oberschönau

Dabei verliert der Rennsteig an Höhe, bis schließlich der **Wachsenrasen** mit einer massiven Schutzhütte aus dem Jahr 1909 erreicht ist. Am Wachsenrasen kreuzt der Rennsteig den Weg von Tambach-Dietharz nach Ober- bzw. Unterschönau.

Auf dieser Wegetappe bieten sich kurz vor dem Wachsenrasen Ausblicke auf den Dolmar, den Großen Hermannsberg bei Oberschönau und den Ruppberg bei Zella-Mehlis.

Links durch den Schmalwassergrund führt ein Weg zum Falkenstein, einem der beliebtesten Kletterfelsen Thüringens.

Der Rennsteig verläuft nahezu eben weiter nach Südosten und passiert dabei in ca. 400 m Entfernung einen Berg mit dem Namen **Donnershauk**, dessen Name vermutlich vom germanischen Gott Donar und dem Begriff Haugh (Hügel) abgeleitet wurde. Auf dem Gipfel soll sich eine altgermanische Kultstätte zu Ehren des Donnergottes Donar befunden haben.

Einen weiteren Kilometer später erreicht der Rennsteig den Standort des **Gustav-Freytag-Steins ❻**, ein ehemaliger Dreiherrenstein von 1719, der allerdings nicht mehr existiert.

Der nicht mehr erhaltene Dreiherrenstein trug die laufende Nummer 170, aber auch gleichzeitig die Nummer 1, da von diesem Platz aus eine neue Zählung der Grenzsteine begann. Der Stein wurde benannt nach dem Schriftsteller Gustav Freytag, der dieses Gebiet in seinem Roman „Die Ahnen“ als Schauplatz verwendete: „Am heiligen Walde nahe dem Gipfel, welcher den Opferstein des Donners trägt“.

➯ Bei guter Fernsicht empfiehlt sich ein Abstecher zum südwestlich gelegenen **Hohen Möst** (⇧ 887 m). Dieser Porphyrfelsen, der Oberschönau um rund 350 m überragt, bietet einen tollen Ausblick über das Tal von Oberschönau sowie auf den Großen Hermannsberg und den Ruppberg.

Der Weg zum Hohen Möst zweigt am Gustav-Freytag-Stein halb rechts ab und führt in ungefähr 2,5 km über die Schutzhütte Karin zum Aussichtspunkt.

Die folgenden 3,5 km verlaufen ohne größere Höhenunterschiede. Der Rennsteig quert einen asphaltierten und beleuchteten Weg, auf dem zur Überraschung vieler auch im Sommer Skilanglauf und Biathlon mit Rollerskiern betrieben wird. Dieser Rundkurs gehört zum Wintersport-Bundesleistungszentrum in Oberhof, in dem die Mitglieder des erfolgreichen Wintersportclub WSV 05 Oberhof trainieren.

Nachdem die Loipe des Rollerskirundkurses ein weiteres Mal gequert wird, geht es relativ steil hinab zu einem 2 m hohen Grenzstein, der seit der Wende wieder den preußischen Adler trägt, dem **Grenzadler** 🚌 ❼.

Der Name geht auf einen preußischen Grenzstein (preußisches Adlerschild) zurück, der seit 1866, als der Kreis Schmalkalden preußisch wurde, die Grenze des preußischen Staates markierte, die hier die Straße von Oberhof nach Ober- und Unterschönau kreuzte.

↳ Wintersportbegeisterte erreichen von hier aus die 1 km entfernten Schanzen am Rennsteig im Kanzlergrund. Die Skisprungschanze ist die zweitgrößte in Deutschland und um ganzjährig trainieren zu können, wurde dort mit einer 90-m-Schanze eine der größten Mattenschanzen der Welt errichtet.

Auf dem Weg vom Grenzadler nach Oberhof wird auch die künstlich vereisbare Rennrodel- und Bobbahn passiert.

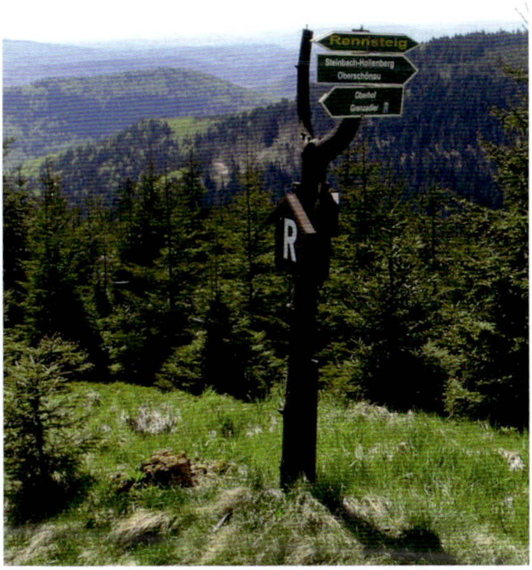

Wegweiser nach Oberhof

Nach dem Überqueren der Straße von Oberhof nach Ober- und Unterschönau, weist nach ungefähr 300 m ein Schild auf den rechts vom Rennsteig gelegenen Waldgasthof Schanzenbaude hin.

🛏 ✕ Waldgasthof Schanzenbaude, Am Grenzadler 2, ☏ 03 68 42/222 78, ✉ info@schanzenbaude.de, 💻 www.schanzenbaude.de, EZ € 79, DZ € 124, Dreibettzimmer € 153

Der Rennsteig verläuft auf einem schmalen Weg hinauf auf eine kleine Kuppe, wo der **Stein 16**, auch **Dietzel-Geba-Stein** genannt, steht.

Der Dreiherrenstein von 1734 trennte einst Hessen, Sachsen und Sachsen-Gotha und ist aus diesem Grund auch als Hessenstein bekannt. Die Inschriften auf dem Dreiherrenstein stehen für Sachsen-Gotha (SG), Hessen (H) und Sachsen (S).

Bis 1583 trafen auf dieser Kuppe das thüringisch-sächsische Amt Schwarzwald und die Teile der hennebergisch-hessischen Zent Benshausen zusammen. Später, bis 1866, trennte der 16. Grenzstein das Herzogtum Coburg-Gotha vom schmalkaldischen Kur-Hessen und danach den preußischen Bezirk Schmalkalden vom Herzogtum Sachsen-Coburg-Gotha. Stein 16 galt jahrelang als verloren, wurde aber 1994 an anderer Stelle gefunden, am 18.5.1994 an alter Stelle wieder eingegraben und eine Woche später mit einer Feier offiziell wieder eingeweiht.

Der Sühnestein, der an die Hinrichtung des Straßenräubers Dietzel von Geba im Jahr 1498 erinnert, ist seit Ende des 19. Jh. nicht mehr vorhanden.

Der Rennsteig führt weiter nach Südwesten, verliert etwas an Höhe und erreicht nach insgesamt rund 63 km das **Rondell** 🚌.

Der Obelisk wurde zur Erinnerung an den in den Jahren 1830-32 erfolgten Bau der Straße Gotha – Suhl (heute B 247) errichtet. Eine Tafel erinnert an die Personen, die den Bau der Straße „entworfen, geleitet und ausgeführt" haben; u. a. an den leitenden Ingenieurskapitän Julius von Plänckner. Den Namen erhielt der Obelisk von einem kleinen runden Rasenstück, das ihn früher umgab.

Obelisk am Rondell

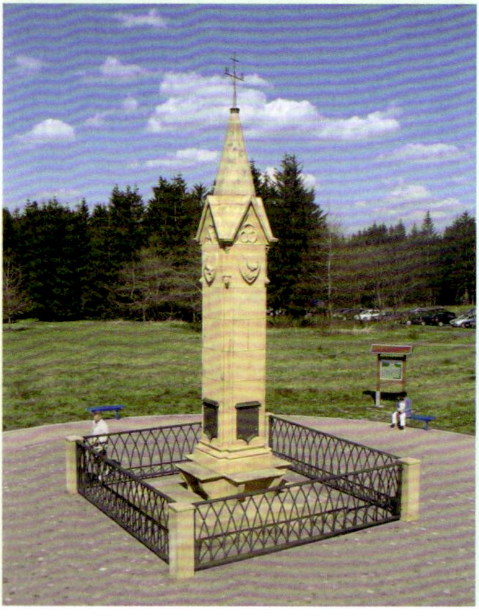

Ein Forstarbeiterdenkmal, das westlich des Rondells steht, erinnert an die Windbruch- und Borkenkäferkatastrophe von 1945/46, die 4,5 Mio. Festmeter Schadholz erzeugte und eine Neuaufforstung von 200 km² erforderlich machte.

Am Forstarbeiterdenkmal links abbiegend, führt ein Weg parallel zur L3247 in das knapp 1 km entfernte **Oberhof** mit zahlreichen Verpflegungs- und Unterkunftsmöglichkeiten.

Linkerhand des Rennsteigs kann die stark befahrene L3247 mittels einer Fußgängerbrücke überquert werden.

Hinter dem Parkplatz, nur 200 m südwestlich des Rondells, liegt am Hang des Pfanntalskopfes der Rennsteiggarten: der sehenswerte botanische Garten für Gebirgsflora. Der in den 1970er-Jahren angelegte Garten beherbergt ungefähr 4.000 Mittel- und Hochgebirgspflanzen aus Europa, Asien, Nord- und Südamerika sowie aus der Arktis.

♦ Rennsteiggarten, ☎ 03 68 42/222 45, Mai bis September täglich 09:00-18:00. Oktober täglich 09:00-17:00, info@rennsteiggartenoberhof.de, www.rennsteiggartenoberhof.de

Oberhof

98559, 03 68 42, ca. 1.700 Einw.

Oberhof-Information, Crawinkler Straße 2, ☎ 26 90, information@oberhof.de, www.oberhof.de, Mo-So 09:00-12:00 und 13:00-17:00

Berghotel Oberhof, Theo-Neubauer-Straße 20, ☎ 270, info@berghotel-oberhof.de, www.berghotel-oberhof.de, EZ ab € 89, DZ ab € 159, Mo-Do 12:00-22:00, Fr und Sa 12:00-17:00 und 20:30-22:00, So 14:30-22:00

♦ Schlossberghotel Oberhof, Am Schlossberg 2, ☎ 529 90, info@schlossberghotel-oberhof.de, www.schlossberghotel-oberhof.de, EZ ab € 82, DZ ab € 94, Mo-So 11:00-24:00 (Küche bis 22:00)

♦ Wagners Sporthotel, Am Harzwald 1, ☎ 28 60, info@sporthotel-oberhof.de, www.sporthotel-oberhof.de, EZ ab € 50, DZ ab € 70

♦ AHORN Panorama Hotel, Theo-Neubauer-Straße 29, ☎ 50 50, reservierung.oberhof@ahorn-hotels.de, www.ahorn-hotels.de, EZ ab € 70, DZ ab € 80

♦ Haus Vergissmeinnicht, Crawinkler Straße 10, ☎ 223 46, info@haus-vergissmeinnicht.de, www.haus-vergissmeinnicht.de, EZ ab € 65, DZ ab € 90, Mo-So ab 17:00

🛏 ✕ Hotel Zum Gründle, Rudolf-Breitscheid-Straße 8, ☎ 51 00, ✉ info@zumgruendle.de, 💻 www.zumgruendle.de, EZ ab € 37,50, DZ ab € 65

♦ Hotel Quisisana, Theo-Neubauer-Straße 11, ☎ 20521, ✉ info@hotel-quisisana.de, 💻 www.hotel-quisisana.de, EZ ab € 57, DZ ab € 84

♦ Hotel Thüringenschanze, Theo-Neubauer-Straße 19, ✉ info@hotel-thueringenschanze.de, 💻 www.hotel-thueringenschanze.de, EZ ab € 66, DZ ab € 74

♦ Pension & Restaurant Luisensitz, Dr.-Theodor-Neubauer-Straße 25, ☎ 221 96, ✉ info@luisensitz-oberhof.de, 💻 www.luisensitz-oberhof.de, DZ ab € 60, EZ auf Anfrage, 🚪 Mo-So ab 17:00, Mi Ruhetag

♦ Gaststätte und Pension Waldschlösschen, Tambacher Straße 24, ☎ 209 92, ✉ info@waldschloesschen-oberhof.de, 💻 www.waldschloesschen-oberhof.de, EZ ab € 55, DZ ab € 80

🛏 Aparthotel Oberhof, Eckhardskopf 1-3, ☎ 28 50, ✉ info@aparthotel-oberhof.de, 💻 www.aparthotel-oberhof.de, EZ ab € 60, DZ ab € 80

♦ Aktiv-Pension, Gräfenrodaer Straße 19, ☎ 57 11 08, ✉ albrecht@aktiv-pension.de, 💻 www.aktiv-pension.de, EZ ab € 35, DZ ab € 65

♦ Haus Saarland am Rennsteig, Zellaer Straße 13, ☎ 529 90, ✉ info@haus-saarland.de, 💻 www.haus-saarland.de, EZ ab € 32, DZ ab € 37. Ein Gemeinschaftszimmer für bis zu 8 Personen kann unter ☎ 521 17 angefragt werden.

♦ Pension Obere Schweizerhütte, Alte Ohrdrufer Straße 8, ☎ 53 13 21, ✉ anfrage@obereschweizerhuette.de, 💻 www.obereschweizerhuette.de, Übernachtungspreise auf Anfrage

♦ Hotel & Pension Traumblick, Gräfenrodaer Straße 36, ☎ 531 51, ✉ info@pension-traumblick, 💻 www.pension-traumblick.de, EZ ab € 52, DZ ab € 64, Apartment für bis zu 6 Personen ab € 124

♦ Pension Haus am Waldesrand, Tambacher Straße 30, ☎ 225 59, ✉ haus-am-waldesrand@t-online.de, 💻 www.haus-am-waldesrand.de, EZ ab € 33, DZ ab € 59

♦ Pension Oberhof 810 m, Crawinkler Straße 19, ☎ 573 80, ✉ pension@oberhof-810.de, 💻 www.oberhof-810.de, DZ ab € 55, EZ auf Anfrage

♦ Pension Villa Immergrün, Rudolf-Breitscheid-Straße 2, ☎ 223 39, ✉ babockimmergruen@aol.com, 💻 www.pension-villa-immergruen.de, EZ ab € 42, DZ ab € 60

- Pension Haus Wiederkehr, Gräfenrodaer Straße 21, ☏ 200 44, info@pension-wiederkehr.de, www.pension-wiederkehr.de, EZ ab € 30, DZ ab € 50
- ♦ Pension Triebel, Rudolf-Breitscheid-Straße 9, ☏ 227 20, info@pension-triebel.de, www.pension-triebel.de, DZ € 50, Apartment 2 Personen € 55 (jeweils ohne Frühstück)
- ♦ Pension Danzer, Rudolf-Breitscheid-Straße 11, ☏ 203 92 oder 01 77/174 32 34, info@pension-danzer.de, www.pension-danzer.de, Übernachtungspreise auf Anfrage
- H2Oberhof Wellnessbad, Dr.-Curt-Weidhaas-Straße 2, ☏ 29 20, information@oft-oberhof.de, www.h2oberhof.de, Di-So 10:00-22:00 (So bis 20:00)

4. Etappe: Oberhof/Rondell – Neustadt am Rennsteig

25,4 km, ca. 6 Std. 45 Min., ↑ 332 m, ↓ 374 m, ⇧ 744-970 m

0,0 km	⇧ 827 m	Oberhof
1,9 km	⇧ 851 m	An der Sommerwiese
4,9 km	⇧ 926 m	Pläncknres Aussicht
14,8 km	⇧ 746 m	Rennsteig Bahnhof
17,8 km	⇧ 755 m	Allzunah
20,4 km	⇧ 815 m	Großer Dreiherrenstein
25,4 km	⇧ 784 m	Neustadt am Rennsteig

Die vierte Etappe von Oberhof zum Bahnhof Rennsteig enthält anfangs noch ein paar kleine Anstiege, bis dann mit dem Großen Beerberg (⇧ 983 m) und der dort befindlichen Plänckners Aussicht der höchste Punkt der Rennsteigwanderung erreicht wird. Auf der rund 5,3 km langen Strecke zwischen Rondell und Großem Beerberg gewinnt der Rennsteig nur rund 150 m an Höhe, danach verliert er sanft, aber stetig an Höhe. Zwischen dem Bahnhof Rennsteig und Neustadt am Rennsteig bewegt sich der Rennsteig zwischen 700 m und 830 m Höhe, wobei die einzelnen Anstiege moderat sind.

Hinter dem großen Wanderparkplatz vorbei am rechts liegenden Rennsteiggarten führt der Rennsteig in den Wald, wo Sie unbemerkt die A71 queren, die hier durch den rund 8 km langen Rennsteigtunnel geführt wird. Nach ca. 500 m ist die **Brandleite ❶** erreicht.

An der Brandleite, der Gipfel liegt ungefähr 400 m südwestlich des Rennsteigs, unterquert die Eisenbahnlinie Erfurt – Suhl – Meiningen in einem 3.038 m langen Tunnel mit einer Scheitelhöhe von 640 m, also rund 240 m tiefer, den Rennsteig. Der Brandleitetunnel wurde in den Jahren 1881-84 erbaut und war von der Ausführung eine Meisterleistung. Auf zwei Seiten mit den Grabungen beginnend, trafen die zwei Tunnel in der Mitte mit einer seitlichen Abweichung von gerade einmal 2,5 cm und in der Höhe mit einer Abweichung von 21 cm aufeinander.

Der Rennsteig führt weiter nach Süden zur **Sommerwiese**, wo die Schmückestraße erstmals überquert wird. Einen knappen halben Kilometer später wird eine Weggabelung erreicht. Der Rennsteig führt geradeaus weiter, während links der blau markierte Beerbergweg abzweigt. Dieser Weg ist einfacher und bequemer als der Rennsteig und trifft nach gut 2 km erneut auf den Rennsteig.

Der Rennsteig überquert etwa 150 m hinter dieser Weggabelung erneut die Schmückestraße und verläuft dann als kleiner Pfad, dem sogenannten

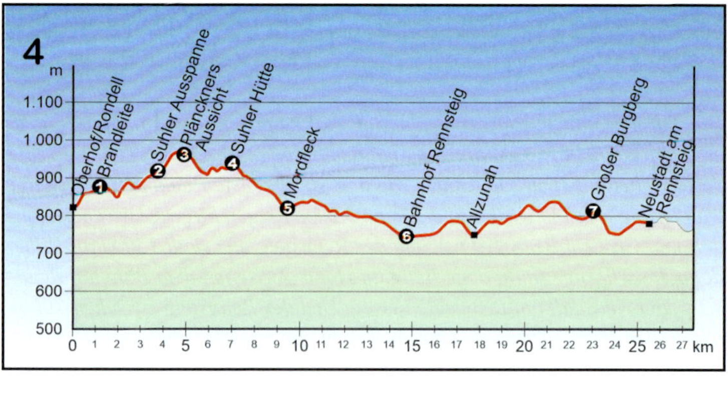

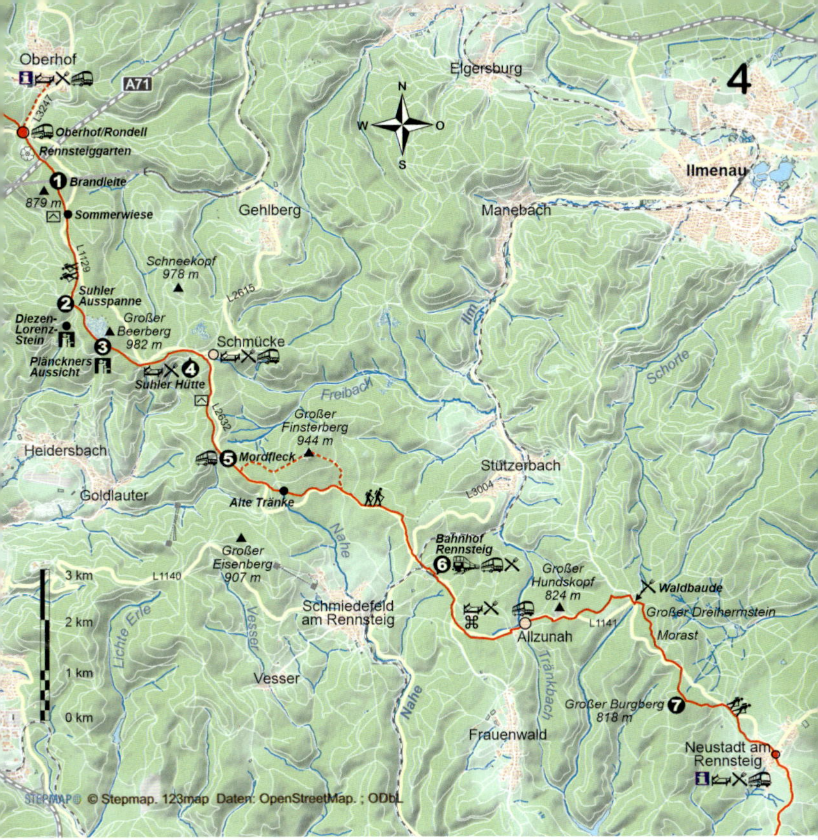

Flößgraben, weiter in Richtung Süden hinauf zur **Crawinkler oder Suhler Ausspanne ❷**.

Die Suhler Loibe verläuft bis Oberhof auf demselben Weg wie der Rennsteig und führt dann von Oberhof durch tief eingeschnittene Hohlwege wieder hinab nach Crawinkel. Wegen der engen Hohlwege, die ein Passieren der Pferdekutschen und -wagen nicht zuließen, wurde die Suhler Loibe früher vormittags nur im Aufstieg und nachmittags nur im Abstieg befahren.

↬ Einen halben Kilometer vom Rennsteig entfernt steht der Diezen-Lorenz-Stein, von dem sich eine schöne Aussicht auf Suhl bietet. Der Namen geht auf Diezen Lorenz zurück, der im Sommer am Fuß dieses Felsens in einer Höhle wohnte und den Fuhrleuten Reisig und Schleifbüsche zum Abbremsen der Pferdewagen und -kutschen für die steile Abfahrt nach Suhl verkaufte.

Von der Suhler Ausspanne führt der Rennsteig weiter nach Süden, wird zunehmend steiler und führt zur Einmündung des Beerbergwegs.

Bei gutem Wetter kann bei einem Blick über die Schulter letztmalig der Große Inselsberg betrachtet werden.

Der Rennsteig führt südlich um den Gipfel des **Großen Beerbergs** (⇧ 982 m), den höchsten Berg des Thüringer Waldes herum. Der Gipfelbereich des Großen Beerbergs steht unter Naturschutz (Hochmoor), der Gipfel selbst darf nicht betreten werden. Bei km 69 führt ein Weg zur oberhalb des Rennsteigs gelegenen **Plänckners Aussicht ❸**, die mit 973 m Höhe der höchste Punkt des Rennsteigs ist.

Von der hölzernen Plattform der Plänckners Aussicht bietet sich nach Westen und Süden der schönste Blick des gesamten Rennsteigs. Der Blick reicht über Suhl, den Dolmar und bei guter Sicht bis hin zur Rhön.

Hinter Plänckners Aussicht verläuft der Rennsteig auf einem breiten Schotterweg weiter nach Osten. An den zwei folgenden Weggabelungen wird jeweils der rechte Weg eingeschlagen.

Weiter geht es auf einem urigen Wurzelpfad und nach einem knappen Kilometer wird der **Adler** und damit noch einmal die Schmückestraße erreicht. Der Name dieser Wegkreuzung geht auf einen früher dort stehenden Grenzstein mit Adler zurück.

Der Rennsteig führt nur wenige Meter von der Schmückestraße entfernt durch den Wald. Nach einem halben Kilometer wird der Abzweig zum **Schneekopf** (⇧ 978 m), erreicht.

↳ Bei schönem Wetter lohnt sich der Abstecher zum Schneekopf, von dem sich ein prächtiger Rundumblick bietet (➲ ca. 1,4 km).

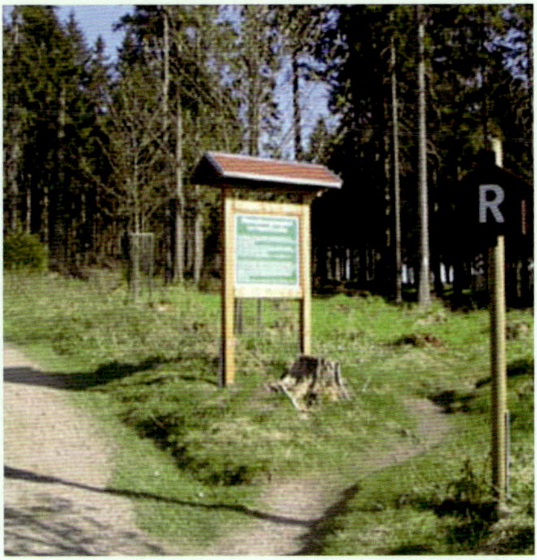

Abzweig Finsterberg

An diesem Abzweig stand 30 Jahre lang der Jägerstein, ein alter Sühnestein. Der Jägerstein wurde von der sowjetischen Armee, die zwischen 1960 und 1990 den Schneekopf und den benachbarten Großen Finsterberg zum militärischen Sperrgebiet erklärt hatten, vom Gipfel des Schneekopfes entfernt und am Rennsteig platziert. Nachdem 1990 die Gipfelbereiche wieder für die Öffentlichkeit zugänglich gemacht wurden, wurde der Jägerstein zurück an seinen ursprünglichen Platz gebracht.

☺ In Gipfelnähe des Schneekopfes können mit sehr viel Glück die berühmten Schneekopfkugeln – kugelige Porphyrdrusen, in deren hohler Mitte sich Kristalle aus Bergkristall, Amethyst und Quarz gebildet haben – gefunden werden.

Wenige Meter nach diesem Abzweig zum Schneekopf wird hinter einer Wetterstation der Abzweig zur 200 m südlich des Rennsteigs gelegenen Suhler Hütte ❹ erreicht.

Suhler Hütte, ☎ 03 68 45/504 18, thueringerhofshl@aol.com, www.suhler-hütte.de, Di-So 10:00-17:00, Mo Ruhetag. Übernachtungen sind in der „Alten Suhler Hütte" im Matratzenlager (max. 14 Personen) möglich; € 12 pro Person, Frühstück € 7,50 pro Person. Mit einer Höhenlage von 924 m ist die Suhler Hütte die höchstgelegenste Einkehr am Rennsteig.

Wiederum nur wenige Meter hinter einer Wetterstation wird die **Schmücke** 🚌 (⇧ 911 m), eines der bekanntesten Gasthäuser auf dem Rennsteig erreicht. Das traditionsreiche Gasthaus Schmücke liegt als höchste Ansiedlung am Rennsteig an einer schon im Mittelalter bedeutenden Wegekreuzung.

🛏 ✕ Rasthaus und Waldhotel Schmücke, ☎ 03 68 45/58 80, ✉ info@schmuecke.biz, 💻 www.schmuecke.eu, 🚪 täglich 10:00-17:00, Übernachtungspreise auf Anfrage

Als schmaler Pfad führt der Rennsteig neben der Straße im Fichtenwald entlang, später verläuft er direkt auf ihr. Auf einem Trampelpfad rechts der Straße wird nach kurzer Wegstrecke eine rustikale Schutzhütte erreicht. Neben dieser Schutzhütte steht der am 18.5.1996 eingeweihte Herbert-Roth-Gedenkstein (Autor des Rennsteigliedes).

Knapp 300 m hinter der Schutzhütte verlassen Sie den breiten Waldweg und wandern auf einem urwüchsigen Abschnitt des Rennsteigs weiter zum **Mordfleck** 🚌 ❺, einer Bergwiese auf der im Mai/Juni Bärwurz, Hahnenfußgewächse und Schlangenknöterich in üppigen Farben erblühen.

↳ Kurz hinter dem Mordfleck bietet sich die Möglichkeit der nahen Straße auszuweichen und auf einer ca. 2,8 km langen Alternativroute über den Finsterberg zu wandern. Beide Routen treffen bei km 75,7 wieder aufeinander.

Bei km 74 biegt der Rennsteig links in einen Waldweg ein und erreicht kurz danach die **Alte Tränke**.

Auf der Waldwiese Alte Tränke, wo früher Rinnsale einer kleinen Quelle der Nahe durch ausgehöhlte Baumstämme flossen, wurden einst die Transportpferde getränkt.

Hinter der Alten Tränke überquert der ursprüngliche Rennsteig zweimal die Straße. Um dies zu vermeiden, wurde parallel zur Straße ein Pfad angelegt. Rund 2,5 km hinter der Alten Tränke müssen Sie allerdings darauf achten, dass er rechts zur Straße hin abbiegt. Kurz bevor die Straße erreicht wird, zweigt nach links ein Weg zum sogenannten **Binserod** ab. Am Binserod kreuzt der Rennsteig die Landstraße, die Stützerbach und Schmiedefeld verbindet, anschließend wird noch die ehemalige Eisenbahnlinie Erfurt – Schleusingen überquert. Wenige Meter hinter dem Bahngleis zweigt links ein Pfad ab, der parallel zur Straße zum **Bahnhof Rennsteig** (⇧ 746 m) ❻ führt.

Die 1904 gebaute Bahnlinie wurde anfangs (bis 1927) aufgrund der steilen Anstiege zwischen Stützerbach und Schmiedefeld nur als Zahnradbahn betrieben. Nach dem Wechsel auf Reibungsbetrieb wurde eine eigens für den Zahnradbetrieb gebaute Spitzkehre überflüssig. Nach der „Wende“ wurde die gesamte Strecke als überflüssig bewertet, sodass am 23.5.1998 deren Stilllegung erfolgte. 2014 wurde in einem dreijährigen Probebetrieb die Strecke wieder in Betrieb genommen.

Der RennsteigShuttle verbindet Erfurt, Arnstadt, Plaue, Ilmenau, Manebach, Stützerbach und den Bahnhof Rennsteig miteinander. Die Fahrten beschränken sich auf Samstag und Sonntag sowie Feiertage, ☏ 036 93/508 60, www-sued-thueringen-bahn.de.

✕ Gaststätte Gleis 1 im alten Bahnhofsgebäude, ☏ 03 67 82/70 18 35, amt-gastro@gmx.de, Mo-Mi und Fr 11:00-17:00, Sa und So (sowie feiertags) 10:00-17:00, Do Ruhetag.

Kurz hinter dem Bahnhof Rennsteig wird die Frauenwaldstraße überquert. Da der ursprüngliche Rennsteig mit der Straße identisch ist, wurden in diesem Bereich parallel zur Straße neue Wege angelegt. Hinter dem Bahnhof Rennsteig nutzt der Rennsteig kurz den alten Bahndamm der Kleinbahnlinie Rennsteig – Frauenwald. Die im Volksmund als „Laura“ bezeichnete Bahnlinie war nur von 1913 bis zum 13.3.1965 in Betrieb.

Kurz nachdem die Frauenwaldstraße erneut gequert wurde, wird ein Gasthof und Waldhotel erreicht.

✕ Waldhotel Rennsteighöhe, Am Rothenberg 1, 98711 Frauenwald, ☏ 03 67 82/622 00, waldhotel.rennsteighoehe@t-online.de, www.waldhotel-rennsteighoehe.de, EZ ab € 54, DZ ab € 74, täglich 11:00-20:00

Das Waldhotel ist in einer ehemaligen Stasi-Ferienanlage untergebracht. In dieser Anlage befindet sich auch noch das Bunkermuseum, ein ehemaliger Nachrichten- und Befehlsbunker der Staatssicherheit der DDR, der zwischen 1979 und 1985 unter absoluter Geheimhaltung errichtet wurde.

⌘ Bunkermuseum, Besichtigung sind nur im Rahmen einer der stündlich stattfindenden Führung möglich (Dauer ca. 45 Min.). 20. April bis 2. November täglich 10:00-17:00, 3. November bis 20. Dezember sowie 2. März bis 19. April Sa und So 10:00-16:00 und Mo-Fr 11:00, 14:00 und 15:00, 21. Dezember bis 1. März täglich 11:00-16:00.

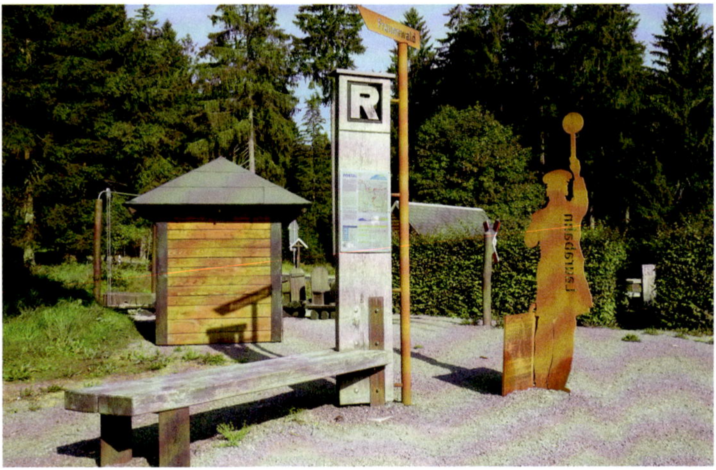

Rastplatz am Ortsrand von Allzunah

Nach dem Hotel wird kurz vor Allzunah der Original-Rennsteig wieder erreicht. Auf neu angelegten, parallel zur Straße verlaufenden Pfaden geht es weiter nach Osten in Richtung **Allzunah**. Auf diesem Abschnitt muss die Frauenwaldstraße mehrfach gequert werden.

Allzunah, ein Ortsteil von Frauenwald, wurde 1691 mit dem Bau einer Glashütte gegründet. Den heutigen Namen erhielt der Ort, da diese Glashütte „allzu nah“ an der großen Glashütte von Stützerbach lag, damit nicht konkurrenzfähig war und darum 1785 wieder schließen musste.

Der Gipfel des **Hundskopfes** (⇧ 824 m) wird vom Rennsteig südlich umgangen. Hierzu geht es am Ortsausgang von Allzunah an einer 300 Jahre alten Rotbuche vorbei, die 1691 zur Gründung des Ortes gepflanzt wurde, und weiter auf einem kleinen Trampelpfad rechts der Straße, später auf einer Ferngasleitung ca. 1 km nach Osten. An einer Schutzhütte wird die Straße überquert.

Einen weiteren Kilometer später biegt der Rennsteig scharf rechts ab und erreicht am **Großen Dreiherrnstein** von 1596 die gleichnamige Waldbaude. Dass in deren Namen ein „e“ mehr enthalten ist, liegt am Bezug auf den Kreuzungspunkt Dreiherrenstein. Historisch bedingt, muss der Grenzstein mit einem „e“ weniger auskommen.

✗ Waldbaude Großer Dreiherrenstein, ☏ 03 67 82/70 50 20 oder 📱 015 20/206 22 18, ✉ dreiherrenstein1@gmail.com, 💻 www.waldbaudegrosserdreiherrenstein.de, 🚪 Mo-Do 11:00-18:00, Fr-So 11:00-22:00, Di Ruhetag. Zur Zeit der Recherche zu dieser Auflage (Mai 2021) waren Übernachtungen aufgrund baulicher Maßnahmen nicht möglich.

Der Dreiherrenstein grenzte einst das Königreich Preußen (KP, die ehemalige Grafschaft Henneberg-Schleusingen mit dem Symbol der Henne), Sachsen-Meiningen (SM, ehemals Sachsen-Hildburghausen mit dem Symbol der Raute) und das Fürstentum Schwarzburg-Sondershausen (FSS mit gekreuzten Gabeln als Symbol) voneinander ab.

In südöstlicher Richtung führt der Rennsteig über einen Gipfel, dessen Name genug über den Untergrund aussagt, über den der Rennsteig auf dieser Etappe verläuft: **Morast**.

Der Weg des Rennsteigs wird auf diesem Abschnitt, und weiter bis kurz vor Ernstthal, durch eine fast lückenlose Reihe von Grenzsteinen markiert. Die Grenzsteine aus Sandstein tragen rechtsseitig immer einen Rautenkranz sowie die Abkürzung HSM oder SM (Symbol und Abkürzung von Sachsen-Meiningen) und linksseitig immer das Zeichen der Schürf- und Erzgabel, das Symbol für die Bergwerke der Schwarzburger. Die Anordnung der Gabeln variiert allerdings stark.

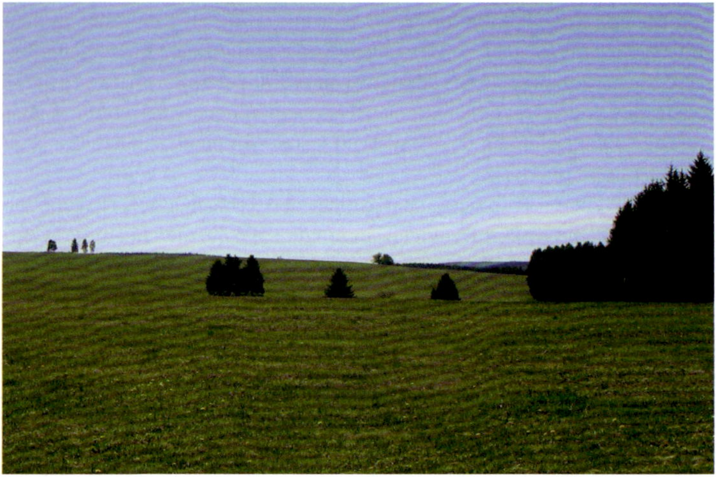

Auf dem Weg nach Neustadt

Auf dem Abschnitt zwischen dem Großen Dreiherrenstein und dem Morast, an der ungefähren Grenze zwischen Thüringer Wald und Thüringer Schiefergebirge, ist etwa die halbe Strecke der 168,3 km langen Rennsteigtour von Hörschel bis Blankenstein absolviert.

Etwa 1,5 km hinter dem Morast wird ein unter einer großen Buche stehender alter Grenz- und Kilometerstein („Hildburghausen 37,07 km") erreicht. An diesem Punkt wird die Straße nach Neustadt am Rennsteig überquert und es folgt direkt darauf der Anstieg zum **Großen Burgberg** (⇧ 818 m) ❼.

Im Abstieg vom Großen Burgberg sind die nächsten 2 km bis nach Neustadt am Rennsteig bereits zu überblicken. In Richtung Südosten führt der Rennsteig die östliche Flanke des Großen Burgbergs hinab und erreicht wieder die Straße nach Neustadt am Rennsteig.

↳ An dieser Stelle weist ein Hinweisschild auf eine historische Meilerstätte hin, die in rund 400 m Entfernung liegt. Ein halbierter Meiler sowie Erklärungstafeln stellen die Funktion eines Meilers dar. An diesem Punkt wurde 1967 letztmalig Holzkohle mit Hilfe eines Meilers hergestellt.

Ungefähr einen halben Kilometer führt der Rennsteig rechts der Straße entlang, zweigt dann rechts ab und führt über eine Wiese bis zum Ortseingang von **Neustadt am Rennsteig** (⇧ ca. 790 m).

Der heutige Ferienort mit seinen etwa 900 dort lebenden Menschen bestand bis 1923 aus zwei getrennten Gemeinden mit 2 Kirchen, da der Rennsteig als Grenze zwischen dem Herzogtum Sachsen-Meiningen und dem Fürstentum Schwarzburg-Sondershausen mitten durch den Ort verlief. Der Ort war früher für die Herstellung von Zunderschwämmen und Zündhölzern bekannt, woher auch die volkstümlichen Namen „Schwammklopfer“ (für die Neustädter Bevölkerung) und „Schwammneustadt“ (für Neustadt am Rennsteig selbst) resultieren.

Neustadt am Rennsteig

✉ 98701, ✆ 03 67 81, ca. 900 Einw.

Rennsteiginformation, Rennsteigstraße 46, ☏ 237 78, rennsteiginfo@lg-grossbreitenbach.de, www.neustadtamrennsteig.net/rennsteiginformation/, Januar und Februar Mo-Fr 09:00-16:30, März, April, November und Dezember Mo-Fr 10:00-15:00, Mai bis Oktober 08:00-17:00, Sa und So geschlossen. Das angegliederte Rennsteigmuseum widmet sich zum allergrößten Teil der Literatur zum Rennsteig, daneben auch dessen zahlreichen Grenzsteinen, Mo-Fr 10:00-17:00

Hotel und Gasthof Hubertus, Rennsteigstraße 65, ☏ 288 42, info@rennsteighotel-hubertus.de, www.rennsteighotel-hubertus.de, Mo-Fr 17:00-22:00, Sa und So 11:00-22:00, EZ € 39, DZ € 64

♦ Pension und Gasthaus Haus Tannengrund, Tannengrundstraße 50, ☏ 288 90 oder 01 72/351 86 57, haustannengrund@online.de, www.thueringen.info/haus-tannengrund, Preise auf Anfrage

Landhaus Café Edelweiß, Rennsteigstraße 107, ☏ 294 01, landhaus-edelweiss@t-online.de, www.landhaus-edelweiss.de, Mi-So 18:00-18:00, Mo und Di Ruhetag (nicht feiertags), EZ € 58, DZ ab € 71

Hotel Kammweg, Ehringshäuser Straße 5, ☏ 440, info@hotel-kammweg.com, www.hotel-kammweg.com, EZ ab € 51, DZ ab € 68, 12:00-16:30

♦ Pension Rennsteigklause, Rennsteigstraße 9, ☏ 288 13 oder 01 75/274 41 06, Preise auf Anfrage

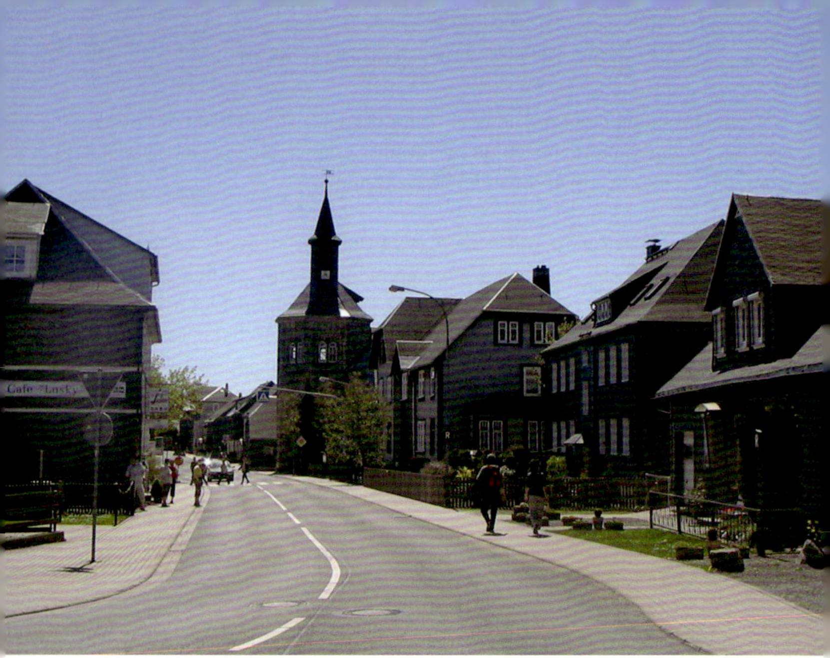

Neustadt am Rennsteig

🛏 Pension Schöne Aussicht, Rennsteigstraße 45, ☏ 288 25, EZ ab € 26, DZ € 48

♦ Pension Sonne, Rennsteigstraße 60, ☏ 288 87 und 📱 01 76/64 30 55 78, 💻 www.thueringen.info/haus-sonne, EZ ab € 24, DZ ab € 40

🛏 ✞ Mit einem außergewöhnlichem Übernachtungsangebot wartet die um das Jahr 1850 erbaute Michaeliskirche auf: in der Kirche steht ein Bett! Die Michaeliskirche ist Teil des Projektes „Her(r)bergskirchen“, ✉ schlafen@herrbergskirchen.org, 💻 www.herrbergskirchen.org, 1 Person € 25, 2 Personen € 45

⌘ Rennsteig Glaswelt: Die in der Region traditionsreiche Glasbläserkunst wird in dieser Schauwerkstatt sehr anschaulich gezeigt.

♦ Rennsteigstraße 6, 🚪 Mo, Mi und Fr 10:00-12:00 und 13:00-16:00, Di und Do 13:00-16:00

5. Etappe: Neustadt am Rennsteig – Friedrichshöhe

17,1 km, ca. 4 Std. 45 Min., 283 m, 281 m, 698-840 m

0,0 km	784 m	Neustadt am Rennsteig
1,9 km	726 m	Kahlert
6,1 km	698 m	Schwalbenhaupt
9,4 km	784 m	Masserberg
10,3 km	842 m	Eselsberg
13,4 km	741 m	Eisfelder Ausspanne
17,1 km	798 m	Friedrichshöhe

Ohne besonders steile oder lange Anstiege (und Abstiege) geht es von Neustadt am Rennsteig zunächst über eine Hochfläche aus ebenen Wieseflächen. Aber nur für etwa 1,5 km, dann sind wieder die zahllosen Fichten ständige Begleiter. Und eine Landstraße, neben der der Rennsteig parallel verläuft, zumindest bis zur Schwalbenhauptwiese, um sich in einem waldreichen Bogen der Ortschaft Masserberg mit guter touristischer Infrastruktur zu nähern. Von hier aus geht es hinauf auf den Eselsberg mit Rennsteigwarte, dann stets auf einer Höhe um die 800 m zum Etappenziel, dem Dörfchen Friedrichshöhe.

Neustadt am Rennsteig wird am südlichen Ende auf der Straße nach Kahlert verlassen. Am Ortsausgang weicht der Rennsteig oberhalb einer Tankstelle auf den Streifen zwischen weitläufigen Wiesen und der Straße aus. Links der Straße geht es bis **Kahlert** ❶, einem Ortsteil von Neustadt am Rennsteig, der um das Jahr 1700 mit einer Brauerei und zugehöriger Gaststätte von einem Grundbesitzer namens Kahlert gegründet wurde.

Hier lag früher eine Ausspanne an der Kreuzung einer bedeutenden Handelsstraße zwischen Franken, Thüringen und dem Rennsteig.

Imbiss & Bistro Rennsteigrast, ☏ 03 67 81/25 21 42, Fr 17:00-22:00, Sa, So und feiertags 10:00-22:00

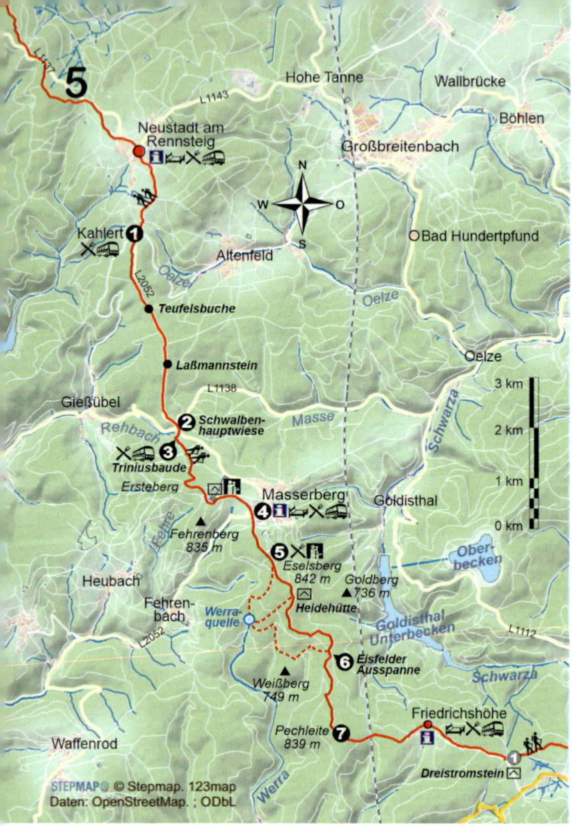

In Kahlert wird die Kreuzung Gießübel – Altenfeld überquert und dann führt der Rennsteig nach Süden zum Waldrand.

Vom Waldrand aus bietet sich nochmals ein schöner Blick über den nordwestlichen Frauenwald, den Schneekopf und den abgerundeten Kickelhahn bei Neustadt am Rennsteig.

Auf einem ursprünglichen Pfad führt der Rennsteig weiter und erreicht nach knapp 750 m wieder die Straße. Sie wird überquert und dann geht es parallel zur Straße weiter zur **Teufelsbuche**.

Nach etwa 1,2 km weist ein Hinweisschild zum rund 80 m östlich des Rennsteigs stehenden **Laßmannstein**. Der Stein erinnert an den 1764 von Wilderern erschossenen fürstlichen Förster Christoph Wilhelm Laßmann aus Gehren.

Nach weiteren knapp 1,5 km quert der Rennsteig die Landstraße 1138 und erreicht somit die **Schwalbenhauptwiese ❷**.

Dass der Rennsteig eine Wasserscheide ist, wird an der Schwalbenhauptwiese so deutlich wie an keiner anderen Stelle auf dem Rennsteig.

Knapp 100 m voneinander entfernt entspringen zwei Rinnsale, die in entgegengesetzte Richtungen fließen: Rechts des Rennsteigs entspringt in einer kleinen Quellmulde der Rehbach, dessen Wasser in die Werra fließt. Links des Rennsteigs entspringt die Masse, deren Wasser über Schwarza und Saale der Elbe zufließt.

Der Rennsteig entfernt sich hinter der Straßenkreuzung von der Straße nach Masserberg und erreicht wenige Meter später die **Triniusbaude** 🚌 ❸. Diese wurde am 7.10.1989, dem 40. Jahrestag der DDR eingeweiht.

✕ Gaststätte Triniusbaude, ☎ 03 68 70/504 30, täglich 11:00-17:00, Di und Mi Ruhetag

Oberhalb der Baude befindet sich der **Triniusstein** (⇧ 690 m). Der Porphyrfelsen trägt eine Gedenktafel für August Trinius (1851-1919), einen aus Thüringen stammenden Wanderer und Heimatschriftsteller, der im Jahr 1889 eine Runst unternahm und ein Jahr später den Rennsteigverlauf neu beschrieb.

An der Triniusbaude zweigt links ein uriger Hohlweg ab, auf dem der Rennsteig nach Südosten hinaufführt. Plötzlich knickt der Rennsteig scharf rechts ab und verläuft das letzte Stück zum **Ersteberg** in westlicher Richtung.

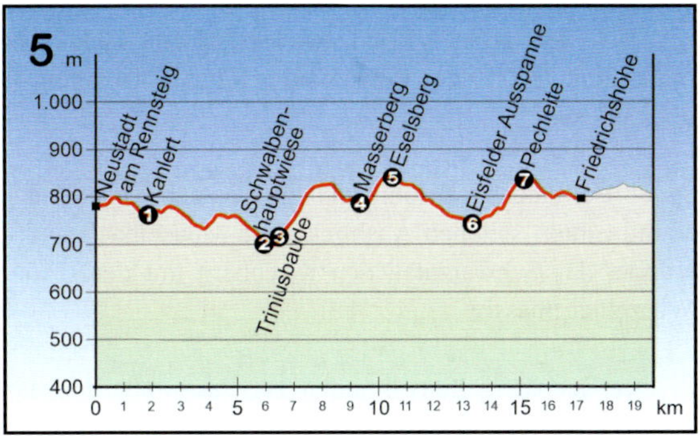

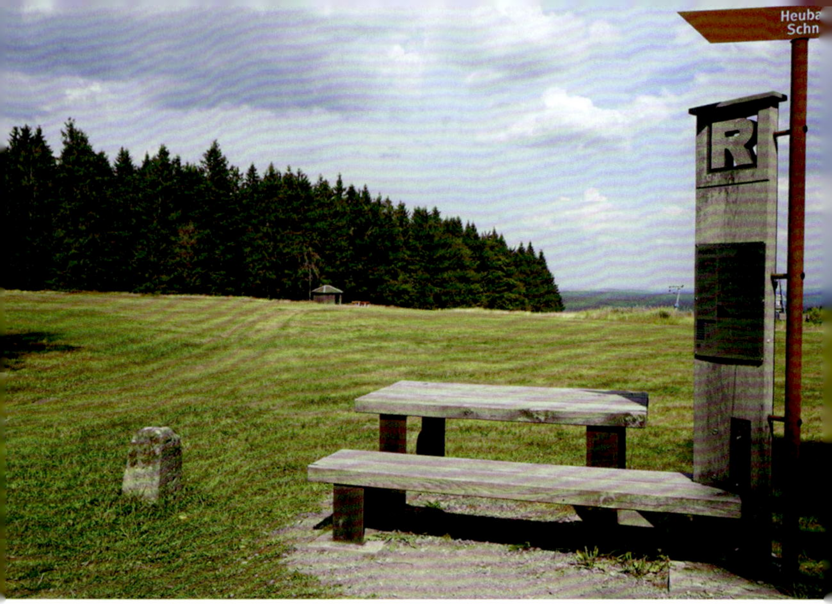

Rastplatz zwischen Triniusbaude und Masserberg

↳ Auf der Anhöhe zweigt rechts ein Weg zum Langertfelsen ab, der zur Gießübler Schweiz gehört und von dem sich ein schöner Ausblick eröffnet.

Der Weg führt weiter nach Südosten und wird durch zahlreiche Grenzsteine markiert, die linker Hand das Fürstentum Schwarzburg-Sondershausen (SS) und rechter Hand das Herzogtum Sachsen-Meiningen (HSM) markieren. Nach dem **Fehrenberg** folgt in Richtung Osten ein Abstieg über Wiesen.

↳ Bei guter Sicht lohnt sich ein Abstecher nach links zur Bühringshütte mit einem schönen Ausblick über Meuselbach und die Meuselbacher Kuppe, das Schwarzatal, den Kirchberg mit dem Fröbelturm sowie das Wurzelbergmassiv.

Der Rennsteig führt hinunter zur Passstraße und damit zum Ortsrand von **Masserberg ❹**.

Die Gemeinde Masserberg wurde am 1. April 1997 durch den Zusammenschluss der Orte Fehrenbach, Heubach, Masserberg und Schnett gegründet. Sie liegt mitten im Naturpark Thüringer Wald, zentral am Rennsteig und bietet zu jeder Jahreszeit ideale Möglichkeiten für Urlaub und Erholung. Wo der Rennsteig die Quellgebiete der Werra und Schleuse von denen der Schwarza trennt, befindet sich ein gut erschlossenes Erholungsgebiet. Dort erwartet Sie ein reichhaltiges kulturelles und sportlich-touristisches Angebot.

Hier befindet sich das Skigebiet „Oberer Wald“ mit Masserberg als höchstgelegenem Ort der Region. Beliebte Ausflugsziele sind die Fehrenbacher Schweiz, die Werraquelle mit Werrateich, das Sportcenter Heubach, Eselsgrund, der Naturlehrpfad Goldener Hirsch, die St. Oswald Kirche mit Schnetter Malereien und natürlich das Badehaus in Masserberg. Das Skigebiet ist relativ schneesicher, für Alpin- und Snowboardfans befinden sich in der Region drei Schlepplifte.

Bekannt ist Masserberg darüber hinaus seit Mitte des 19. Jh. als Heimarbeitsdorf: Es wurden unter anderem Puppen, runde Holzspanschachteln, Etiketten und Knöpfe aus Holz hergestellt. Mit einem Handhobel wurden Holzstäbchen für die im Nachbarort Neustadt am Rennsteig angesiedelte Zündholzherstellung angefertigt.

Masserberg

BANK

98666, 03 68 70, ca. 2.200 Einw.

Masserberg Information, Hauptstraße 37, 570 15, info@masserberg.de, www.masserberg.de, Mo-Fr 09:30-12:00 und 13:00-16:30, Sa 09:00-12:00

Boutique Hotel Residenz, Kurhausstraße 9, 256 50, info@residenz-thueringen.de, www.residenz-thueringen.de, EZ ab € 70, DZ ab € 110. Es stehen Studio und Suite mit jeweils eigener Sauna zur Verfügung! Besonders auch das Restaurant: Es gibt kein À-la-carte-Geschäft, sondern 3- bis 5-Gang-Menüs – das macht eine mindestens 24-stündige Reservierung erforderlich. Di-Sa 17:00-21:00

♦ Hotel Rennsteig, Am Badehaus 1, 800, info@hotel-rennsteig.com, www.hotel-rennsteig.com, EZ ab € 58, DZ ab € 79

♦ Kurhotel Auerhahn, Neustädter Straße 1, 560, info@kurhotel-auerhahn.de, www.kurhotel-auerhahn.de, EZ ab € 58, DZ ab € 94, Dreibettzimmer ab € 118

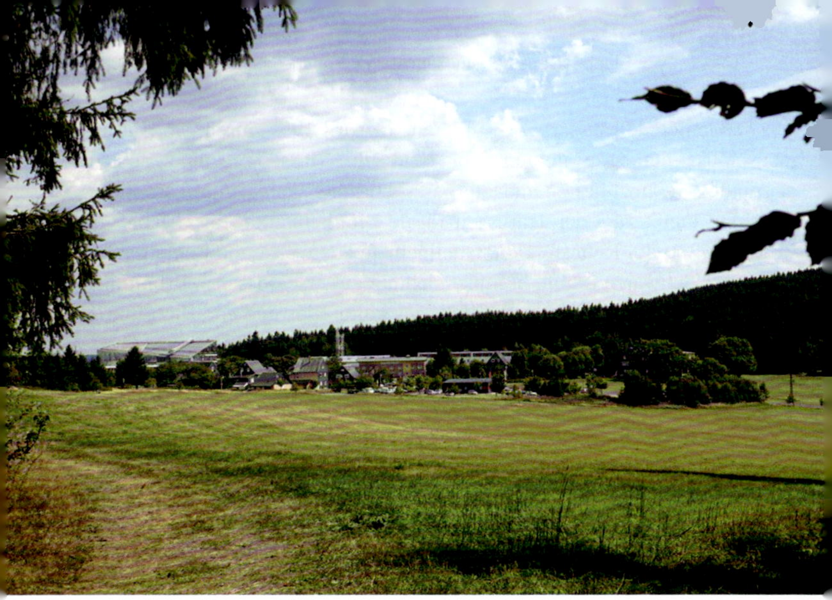

Masserberg

🛏 ✕ Hotel Haus Oberland, Rennsteigstraße 2, ☏ 21 70, ✉ info@hotel-haus-oberland.de, 💻 www.hotel-haus-oberland.de, EZ ab € 54, DZ ab € 84

♦ Hotel Schöne Aussicht, An der Schönen Aussicht 3, ☏ 17 09 81, ✉ lecker@steakhotel.de, 💻 www.schoeneaussicht-masserberg.de, Übernachtungspreise auf Anfrage.

♦ Kurhaus Masserberg, Kurhausstraße 12, ☏ 25 90 01, ✉ info@kurhaus-masserberg.de, 💻 www.kurhaus-masserberg.de, Apartment ab € 124 (2 Personen)

🛏 ☕ Hotel & Café Daheim, Kurhausstraße 10, ☏ 25 98 85, ✉ info@cafe-hotel daheim.de, 💻 www.cafe-hotel-daheim.de, Apartments 2 Personen ab € 105, EZ auf Anfrage, 🚪 Café Mi-Mo 13:30-18:00, Di Ruhetag

🛏 Pension Uschi, Badstraße 3, ☏ 57 10, ✉ info@pension-uschi-thueringen.de, 💻 www.pension-uschi-thueringen.de, EZ ab € 26, DZ ab € 54

♦ Haus Sommerwand, Hauptstraße 88, ☏ 502 54, ✉ pension.sommerwand@web.de, 💻 www.thueringen.info/sommerwand, EZ ab € 31, DZ ab € 52

- Pension Schmidt, ☏ 394 95, schmidt-masserberg@t-online.de, www.thueringen.info/pension-schmidt, EZ ab € 30, DZ ab € 44
- ♦ Pension Emmerling, ☏ 502 96, pension-emmerling@t-online.de, www.thueringen.info/pension-emmerling, EZ € 33, DZ € 56
- ♦ Pension Zwei Türmchen, ☏ 505 99, pensionzweituermchen@t-online.de, www.thueringen.info/pension-zwei-tuermchen, EZ ab € 25, DZ ab € 50
- Wanderhostel, Prof.-Georg-Lenz-Straße 13, 01 62/403 43 54, masserberger-ski-und-wander-hostel.business.site, € 38 pro Person

Das Masserberger Badehaus war nach Jahren des Sanierungsstaus irgendwann so heruntergekommen, dass es im Jahr 2016 geschlossen werden musste – und so ist es bis heute. Aber das soll sich ändern: Geplant ist der Umbau zum „Thüringer Wald Spa“ und ab 2023 soll man von der Saunabank direkt in die Tiefen des Thüringer Waldes blicken und sich anschließend in einer Schneekammer ein bisschen wie in Finnland fühlen können.

Hinter Masserberg führt der Rennsteig auf befestigtem Weg hinauf zum **Eselsberg** (⇧ 842 m) ❺ und zu der dortigen Rennsteigwarte mit Turmbaude.

Rennsteigwarte auf dem Eselsberg

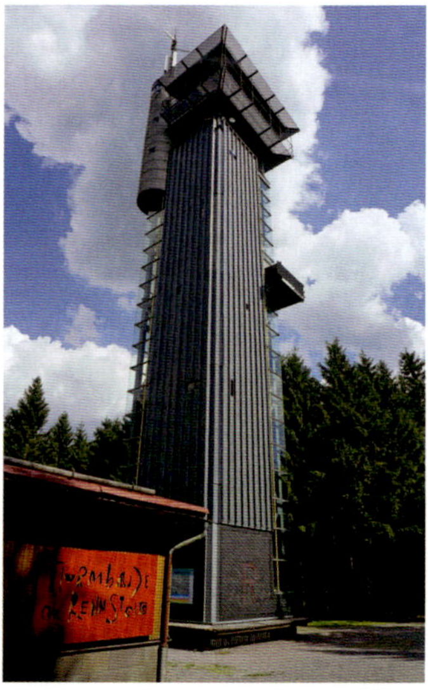

Turmbaude am Rennsteig, ☏ 03 68 70/25 82 05, info@turmbaude.de, www.turmbaude.de, Di-So 11:00-17:00, Mo Ruhetag

Auf dem Eselsberg bietet die Rennsteigwarte, der einzige Aussichtsturm direkt auf dem Rennsteig, einen lohnenden Rundumblick zu Schneekopf, Schwarzatal, Fichtelgebirge und sogar zur Veste Coburg. Der Turm wurde 1974 an Stelle des im Jahr 1970 durch Blitzschlag zerstörten hölzernen Vorgängers errichtet. Nach der Wiedervereinigung wurde der Turm umfassend restauriert und hat nun eine Höhe von 33 m.

Die GutsMuths-Hütte, die neben der Turmbaude steht, wird alljährlich im Mai als Versorgungsstation für die kurze Strecke des GutsMuths-Laufes, die „nur“ 42 km lange Strecke zwischen Neuhaus am Rennweg und Schmiedefeld, genutzt.

Rund 200 m hinter der Warte führt der Rennsteig auf dem linken Weg weiter nach Südosten.

Werraquelle

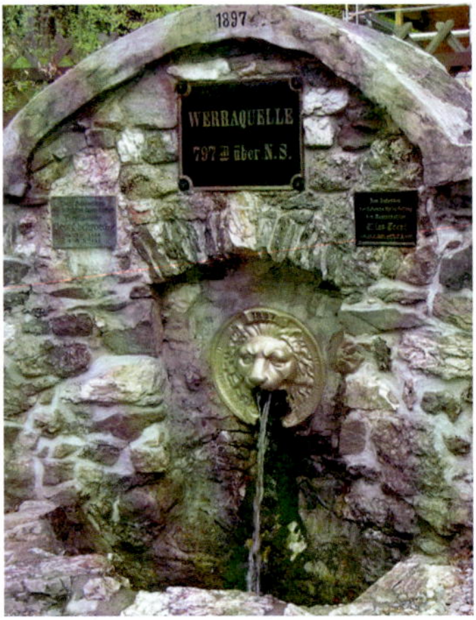

Der rechte Weg führt in rund 1,5 km hinunter zur Werraquelle. Ein Besuch der in Stein gefassten **Werraquelle** ist möglich, ohne dass der Weg zur Quelle im Hin- wie auch im Rückweg begangen werden muss, denn von ihr führen zwei Wege zurück zum Rennsteig: entweder zur Heidehütte oder zur Eisfelder Ausspanne. Je nachdem welcher Rundweg gewählt wird, muss auf 1 oder 2,5 km Rennsteig verzichtet werden.

Einen knappen Kilometer hinter der Weggabelung werden die Schutzhütte Heidehütte und der dort stehende **Dreiherrenstein an der Hohen Heide** erreicht.

Der Dreiherrenstein aus dem Jahre 1846 markierte einst die Grenze zwischen Schwarzburg-Sondershausen, Schwarzburg-Rudolstadt und Sachsen-Meiningen.

☺ Der folgende Rennsteigabschnitt bis kurz vor Ernstthal zeichnet sich aus durch zahlreiche, teils kunstvoll gehauene Grenzsteine, deren Alter bis in das Jahr 1598 zurückführt. Besonders hervorzuheben ist der aus dem Jahr 1751 stammende Stein Nr. 93, der knapp einen halben Kilometer hinter der Heidehütte steht.

Der Rennsteig schlängelt sich zwischen dem nordöstlich gelegenen Goldberg und dem südwestlich gelegenen Weißberg hindurch und erreicht schließlich die **Eisfelder Ausspanne ❻**. An der Eisfelder Ausspanne, dem kürzesten Übergang zwischen Werra- und Schwarzatal, kreuzen sich insgesamt sechs Wege.

Als schmaler Waldweg, oft tief eingegraben, führt der Rennsteig im weiteren Verlauf nach Süden über den **Großen Sauberg** zur **Pechleite ❼**.

Auf der Pechleite erinnert eine im Jahr 1925 vom Rennsteigverein an einem weißen Quarzblock – im Volksmund auch der „Weiße Kieselstein" genannt – angebrachte Gedenktafel an den Rennsteigwanderer und -forscher Bruno von Germar (1873-1924).

Der Rennsteig trifft bei einem großen Grenzstein von 1595 auf einen Forstweg, biegt gleich wieder links ab und führt auf einem urwüchsigen Pfad nach Osten in Richtung **Friedrichshöhe**

1725 von Glasmachern gegründet, war Friedrichshöhe mit seinen 32 dort lebenden Menschen zu DDR-Zeiten der kleinste eigenständige Ort der Republik. Er wurde nach Herzog Ernst-Friedrich von Sachsen-Hildburghausen benannt.

Friedrichshöhe 98678, 03 67 04, ca. 60 Einw.

Heubad und Ferienhaus Arnika, Rennsteigstraße 4, 806 21, kontakt@ferienhaus-arnika.de, www.ferienhaus-arnika.de, Ferienwohnung und ein DZ auf Anfrage, Sauna und Heubadangebote

Gasthaus und Pension Zum Rennsteig, Rennsteigstraße 55, 806 59 und 803 98, www.thueringen.info/pension-zum-rennsteig, täglich, Di Ruhetag, EZ ab € 55, DZ € 75

♦ Pension Hirschblick, Rennsteigstraße 24, 804 98, info@hirschblick.de, www.hirschblick.de, täglich, Do Ruhetag, Apartment € 55 (1 Person), € 80 (2 Personen)

6. Etappe: Friedrichshöhe – Neuhaus am Rennweg

11,5 km, ca. 3 Std., ↑ 166 m, ↓ 165 m, ⇧ 735-840 m

0,0 km	⇧ 798 m	Friedrichshöhe
2,0 km	⇧ 818 m	Dreistromstein
4,3 km	⇧ 735 m	Limbach
5,9 km	⇧ 823 m	Sandberg
11,5 km	⇧ 827 m	Neuhaus am Rennweg (Bahnhof) BANK ⌘

Die sechste Etappe ist die kürzeste und führt durch Wald sowie durch das schön gelegene Dorf Limbach bequem nach Neuhaus am Rennweg, der einzigen Stadt, die unmittelbar am traditionsreichen Höhenweg liegt. Auf dieser Etappe verlässt der Rennsteig den Thüringer Wald und führt in das Thüringer Schiefergebirge, auffällig ist die große Anzahl von Grenzsteinen.

Der Rennsteig verläuft in einem kleinen Bogen nördlich um Friedrichshöhe am Waldrand entlang. An Stelle des Original-Rennsteigs, der inzwischen mit einer Straße identisch ist, wurde links der Straße ein kleiner Pfad angelegt.

Dreistromstein

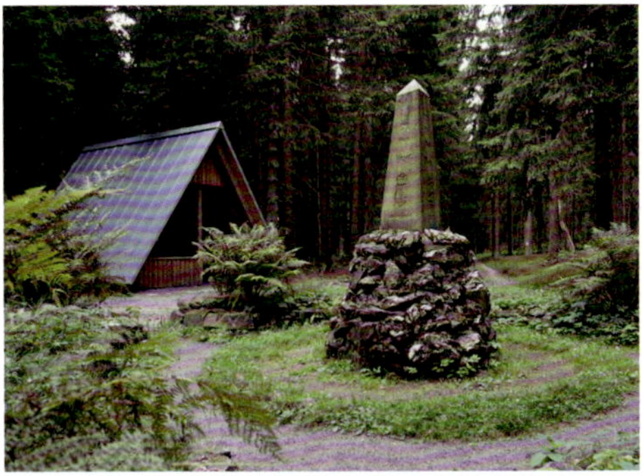

Bei einem Mahnmal (Soldatengräber mit noch minderjährigen, in den letzten Tagen des Krieges gefallenen Soldaten), das an den Wahnsinn des Zweiten Weltkriegs erinnert, führt der Rennsteig von der Straße weg in einen Wald hinein und erreicht ca. 200 m später den **Dreistromstein ❶.**

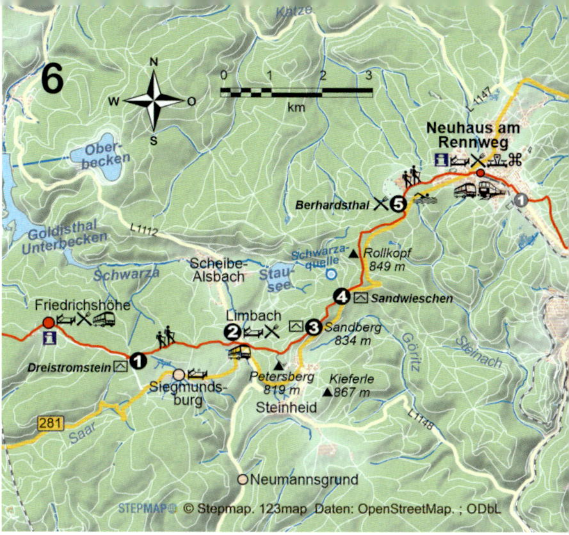

Der 1906 errichtete dreiseitige Obelisk kennzeichnet die Wasserscheide zwischen Elbe, Weser und Rhein und gilt als einer der interessantesten hydrografischen Punkte Mitteleuropas. Hier berühren sich fast die Quellbäche von Zu- und Nebenflüssen dreier großer Flüsse. Der Sockel des Dreistromsteins besteht aus dem für das jeweilige Flusssystem typischen Gestein (Elbe: Granit, Weser: Grauwacke, Rhein: Quarz).

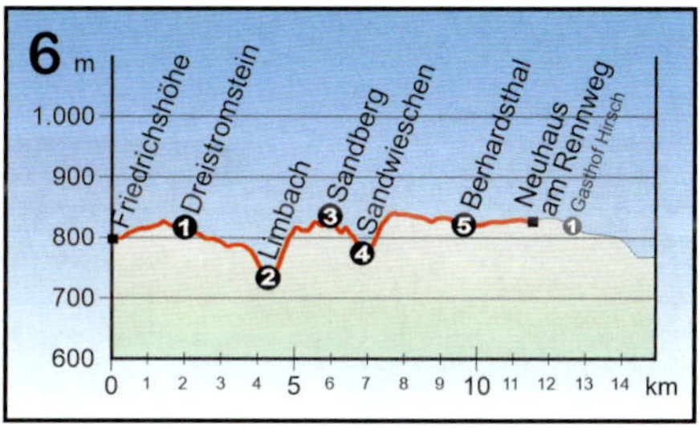

Dem Dreistromstein steht der Kleine Dreiherrenstein aus dem Jahr 1733 direkt gegenüber. Der Stein, der auch Dreiherrenstein am Saarzipfel genannt wird, markiert die ehemaligen Grenzen von Schwarzburg-Rudolstadt, Sachsen-Coburg-Meiningen und Sachsen-Hildburghausen. Der Rennsteig verläuft im Wald weiter nach Osten, bis nach rund 1,3 km zur Rechten ein Wirtschaftsweg in die etwa 500 m entfernte Ortschaft Siegmundsburg abzweigt. Gleich in der Durchgangsstraße (Hilftenberg) befindet sich die Pension Hutschenreuther.

🛏 Pension Hutschenreuther, ☏ 03 67 04/808 19, ✉ info@cafe-pension.de, 💻 www.cafe-pension.de, EZ € 68, DZ € 76. Auch wenn das Café nicht mehr in Betrieb ist, ist auf Wunsch Halbpension möglich.

Etwa 700 m nach dem Abzweig erreichen Sie das Dorf **Limbach ❷.** Limbach wurde 1731 mit einer von Johann Gottfried Greiner erbauten Glashütte gegründet. Gotthelf Greiner arbeitete seit 1761 an der Herstellung von Porzellan, was ihm schließlich am 14.7.1772 gelang. Er löste insofern das Geheimnis der Porzellanherstellung unabhängig von Böttgers Erfindung des europäischen Porzellans (1706) praktisch zum zweiten Mal.

🛏 ✕ Elkes Jägerstube, Neumannsgrunder Straße 6, 98724 Neuhaus am Rennweg OT Limbach, ☏ 03 67 04/801 93, ✉ holzmichelkleinteich@web.de, 💻 www.elkes-rennsteigquartiere.de, EZ € 33, DZ € 60, gastronomisches Angebot nur sonn- und feiertags 11:00-22:00

🛏 Pension Alsbachberg, Hauptstraße 15, 98724 Neuhaus am Rennweg OT Scheibe-Alsbach, ☏ 03 67 04/802 67, 💻 www.alsbachberg.de, EZ € 40, DZ € 60, Verpflegung nach Absprache möglich. Zu der rund 400 m vom Rennsteig entfernt liegenden Pension gelangen Sie, wenn Sie der Straße in Richtung Scheibe-Alsbach folgen.

Greinerkruft

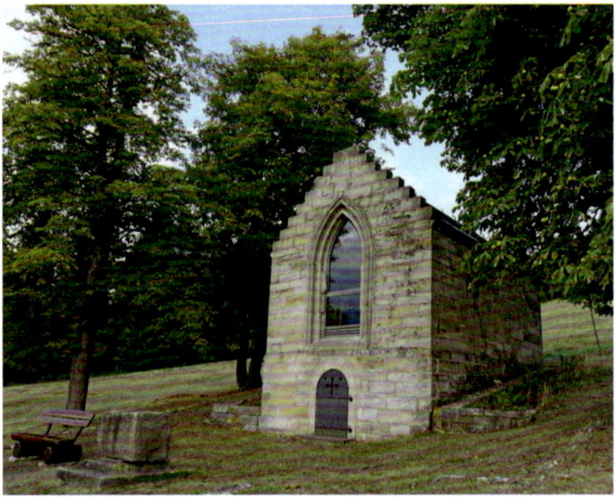

Von Limbach aus führt der Rennsteig am Waldrand den **Petersberg** hinauf, wobei die Beerdigungsstätte der Familie Greiner passiert wird. Die Greinerkruft fordert zum Innehalten geradezu auf. Südöstlich des Petersbergs befindet sich das **Kieferle**, der höchste Berg des Thüringer Schiefergebirges.

Knapp unterhalb des Petersberges liegt südlich Steinheid, eine ehemalige Goldbergbaustadt. Sie wurde bereits 1362 urkundlich als Steinerne Heyde erwähnt und 1530 zur freien Bergbaustadt erhoben.

Durch Fichtenwälder und Latschenkiefernbestände verläuft der Rennsteig zum **Sandberg ❸**.

↳ Vom Sandberg aus führen Wege zum nördlich gelegenen Stausee von Scheibe-Alsbach, dessen Talsperre von 1937-1942 angelegt wurde.

Im weiteren Rennsteigverlauf liegen diverse ehemalige Steinbrüche, in denen das Kaolin für die Porzellan- und der Sand für die Glasherstellung abgebaut wurden. Ein Hohlweg führt zum ❹ **Sandwieschen** mit der massiv gebauten ⌂ Steinheider Schutzhütte.

↳ Vom Sandwieschen aus ist der etwa 500 m lange Abstecher in nördliche Richtung zur steingefassten Schwarzaquelle empfehlenswert.

Der Rennsteig trifft auf die nach Neuhaus am Rennweg führende B281, verlässt diese aber kurz danach in einer Rechtskurve und führt links hinauf zum **Rollkopf**, dessen Südflanke auch Bilbertsleite genannt wird.

Der Rennsteig verläuft die folgenden rund 3 km in nordöstliche Richtung auf Neuhaus am Rennweg zu. Ca. 2 km hinter dem Rollkopf wird **Bernhardsthal ❺** erreicht, wo sich müde Wanderer in einem ehemaligen Forsthaus stärken können.

✕ Rennsteigbaude Bernhardsthal, ☏ 036 79/72 20 78, 💻 www.rennsteigbaude.de. Während der Recherche zu diesem Wanderführer war die Baude auf unbestimmte Zeit geschlossen.

In unmittelbarer Nähe der Rennsteigbaude befindet sich das Waldbad von Neuhaus am Rennweg.

♦ ☏ 01 60/94 19 23 81, 💻 www.waerme-neuhaus.de, täglich 09:00-19:00 (in der Saison)

In Bernhardsthal stand früher die Glashütte Glücksthal, die hochwertiges Tafelglas herstellte. Sie wurde 1737 erbaut und musste 1838, rund 100 Jahre später, ihre Pforten schließen. 1856 wurde sie schließlich abgerissen.

Hinter der Gaststätte trifft der Rennsteig wieder auf die Originalroute und führt weiter in Richtung Nordosten nach **Neuhaus am Rennweg.**

Neuhaus am Rennweg ist die einzige Stadt unmittelbar am Rennsteig und zugleich die höchstgelegene Stadt mit dem höchstgelegenen Bahnhof (830 m) Thüringens. Die Kreisstadt entstand 1922 aus dem Zusammenschluss der Gemeinden Neuhaus, Schalenbuche und Igelshieb. Das Stadtrecht erhielt Neuhaus am Rennweg 1933. Die Kreisstadt, in der 7.200 Menschen leben, liegt an der Bundesstraße 281 und ist das ökonomische und kulturelle Zentrum eines durch Industrie und Tourismus geprägten Gebirgskreises.

Der Ort wurde im 16. Jahrhundert gegründet (erste urkundliche Erwähnung: 1607). Seinen Namen erhielt Neuhaus von einem 1673 erbauten Jagd- und Herrenhaus, dem sogenannten „Neuen Haus". Um 1864 erhielt Neuhaus den postalischen Zusatz „am Rennweg", um Verwechslungen mit anderen Orten namens Neuhaus zu vermeiden.

Neuhaus am Rennweg

98724, ✆ 036 79, ca. 6.900 Einw.

- Touristinformation, Bahnhofstraße 10, ☎ 789 04 38, info@rennsteig.reise, www.neuhaus-am-rennweg.de, Mo-Fr 10:00-17:00, Sa 10:00-14:00
- Boutique Hotel Schieferhof, Eisfelder Straße 26, ☎ 77 40, info@schieferhof.de, www.schieferhof.de, EZ ab € 85, DZ ab € 110, Di-Sa 17:00-22:00
- ♦ Marschalls Hotel am Rennsteig, Schmalenbuchener Straße 2, ☎ 72 73 35, freizeithotel@son-party.de, www.hotel-am-rennsteig-schmalenbuche.de, EZ € 52, DZ € 80, Dreibettzimmer € 105, Mi und Do ab 17:00, Fr-So 11:30-20:00 (So bis 19:00), Mo und Di Ruhetag
- ♦ Hotel an der alten Porzelline, Eisefelder Straße 16, ☎ 726 99 11, info@alteporzeline.de, www.alteporzelline.de, EZ € 63, DZ € 93, Mo-Sa 17:30-20:00
- ♦ Hotel & Restaurant Oberland, Schwarzburger Straße 11, ☎ 72 22 28, info@hotel-oberland-neuhaus.de, www.hotel-oberland-neuhaus.de, EZ ab € 42, DZ ab € 70, Dreibettzimmer ab € 93, Di-So 17:00-22:00, Mo Ruhetag
- Rennsteighotel garni Herrnberger Hof, Eisfelder Straße 44, ☎ 792 00, info@rennsteighotel.de, www.rennsteighotel.de, EZ ab € 65, DZ ab € ab 105, Dreibettzimmer ab € 160

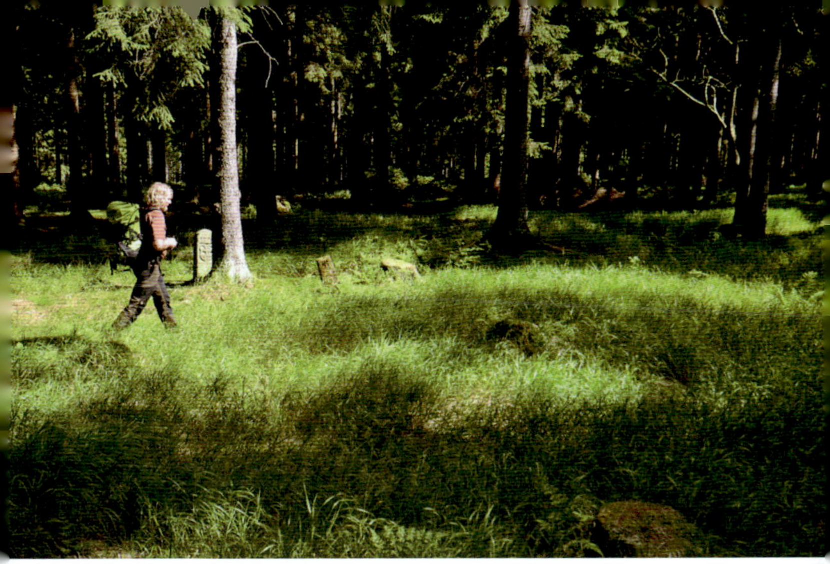

Bei Neuhaus am Rennweg (js)

🛏 Hotel & Gasthof Hirsch, Sonneberger Straße 132, ☏ 72 61 13, ✉ info@hirsch-rennweg.de, 💻 www.hirsch-rennweg.de, EZ ab € 59, DZ ab € 79, 🚪 Mo, Sa und So 11:00-14:00 und 17:00-20:00, Do und Fr ab 17:00

♦ Gasthof Bayerischer Hof, ☏ 72 23 79, Übernachtung ab € 20, 🚪 Restaurant bitte anfragen

Thüringer Wald Shop, Bahnhofstraße 10, ☏ 789 16 20, ✉ info@thueringer-wald.shop, 💻 www.thueringer-wald.shop. So geht regional und fair: die ganze Bandbreite regionaler Produkte aus dem Naturpark Thüringer Wald unter einem Dach.

⌘ Museum Neuhaus am Rennweg (Stadtmuseum)

♦ Marktstraße 3, ☏ 726 97 02, 💻 www.neuhaus-am-rennweg.de, 🚪 Di-Sa 14:00-17:00, So 14:00-16:00, Mo geschlossen

⌘ Museum Geißlerhaus. Das kleine Museum widmet sich Leben und Werk Dr. Heinrich Geißlers (1814-1878), der im Neuhauser Stadtteil Igelshieb geboren wurde und als Begründer der modernen wissenschaftlichen Glasinstrumententechnik und des Glasapparatebaus gilt.

♦ Sonneberger Straße 106, ☎ 72 31 43, info@foerderverein-geisslerhaus.de, www.foerderverein-geisslerhaus.de, Mi-So 09:00-13:00

✞ Ein echtes Schmuckstück und nicht zuletzt deswegen das Wahrzeichen der Stadt, ist die im Jahre 1892 im gotischen Stil erbaute Holzkirche. Um den hiesigen widrigen Wetterverhältnissen zu trotzen, wurde sie vollständig mit Schiefer verkleidet. Ist die Pforte verschlossen, gibt es den Schlüssel in der Touristinformation, wochenends im Museum in der Marktstraße.

7. Etappe: Neuhaus am Rennweg – Steinbach am Wald

22,4 km, ca. 5 Std. 45 Min., ↑ 130 m, ↓ 358 m, ⇧ 603-831 m

0,0 km	⇧ 827 m	Neuhaus am Rennweg (Bahnhof) ⌘ ✞
3,1 km	⇧ 768 m	Ernstthal (Bahnhof)
8,6 km	⇧ 744 m	Brand
10,9 km	⇧ 687 m	Spechtsbrunn
14,5 km	⇧ 703 m	Zollhaus Schildwiese ⌘
19,0 km	⇧ 683 m	Waidmannsheil
22,4 km	⇧ 603 m	Steinbach am Wald

Auf der vorletzten Etappe wandern Sie zurück in die Geschichte Deutschlands, als der Rennsteig während der deutschen Teilung nicht bis Blankenstein verlief, sondern bereits in Neuhaus am Rennweg endete. Der Grund war, dass die innerdeutsche Grenze nicht mehr weit entfernt war und der Bereich östlich von Neuhaus im Sperrgebiet lag. Nun wandern Sie also von Thüringen nach Bayern, präziser nach Franken in den Naturpark Frankenwald, wo die Etappe in Steinbach am Wald endet. Auf dieser Etappe stehen mehr Höhenmeter im Abstieg als im Aufstieg an.

Der Rennsteig biegt in Neuhaus am Rennweg in die Bahnhofstraße ein und folgt dieser Durchgangsstraße bis zu einer größeren Straßenkreuzung.

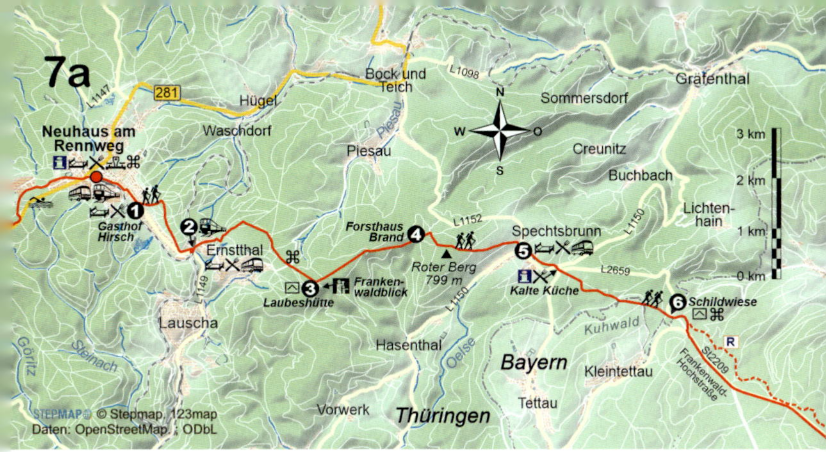

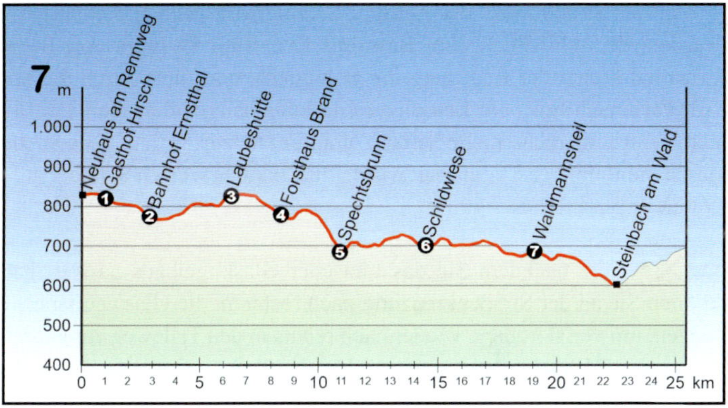

Hier verläuft der Rennsteig in der Sonneberger Straße nach rechts. Trotz zahlreicher Bauvorhaben in den letzten Jahrzehnten stehen dort immer noch einige Rennsteigsteine, was belegt, dass die Sonneberger Straße der ursprüngliche Rennsteigverlauf ist.

Ernstthal und die Schildwiese zeichnen sich nur durch einen leichten Anstieg sowie einen etwas längeren Abstieg aus. Nachdem die Bahngleise bei Ernstthal überschritten wurden, steigt der Rennsteig nochmals auf 831 m an (Laubeshütte), dann nimmt die Höhe allerdings zur Schildwiese hin stetig ab. Entlang der Frankenwaldhochstraße führt der Rennsteig durch den Naturpark Frankenwald nach Steinbach am Wald.

Der Rennsteig folgt der Sonneberger Straße durch den Ort bis zum Gasthof Hirsch ❶, wo er dann nach halb links über Wiesenflächen zum Ortsrand führt. Am letzten Haus am Weg an einer Weggabelung verläuft der Rennsteig geradeaus in Richtung Wald. Am Wald angelangt biegt der Rennsteig rechts ab und führt am Waldrand in Richtung Südosten nach Ernstthal. Zahlreiche Grenzsteine mit den Markierungen SM (Sachsen-Meiningen) und SR (Schwarzburg-Rudolstadt) weisen den Weg. Kurz vor Ernstthal trifft der Rennsteig auf eine asphaltierte Straße. Dort steht auch der verwitterte **Dreiherrenstein Hoher Lach**.

An der Straße muss der mittlere Schotterweg nach Ernstthal gewählt werden, der schließlich zum **Bahnhof Ernstthal** ❷ führt. Am Bahnhof Ernstthal kreuzt der Rennsteig die Bahngleise und führt durch die Straße Am Park nach links am Lauschaer Glaskugelhaus vorbei. Seit 1913 kann der Rennsteig nicht mehr seinem ursprünglichen Verlauf folgen, da er durch die Bahntrasse verdrängt wurde. In Ernstthal weisen Schilder auf den Naturlehrpfad Rennsteig hin.

🛏 ✕ Kurz nachdem Sie das Lauscher Glaskugelhaus passiert haben, können Sie an der Straßenkreuzung nach rechts in die Glaswerkstraße einbiegen, um von dort dann wieder nach rechts in den Telleweg zur Gaststätte & Pension Waldstüble einzubiegen. Für den Wiedereinstieg auf den Rennsteig müssen Sie den Weg nicht zurückgehen, sondern wenden sich nach links zur Piesauer Straße (L1149) und erreichen nach gut 300 m wieder den Rennsteig.

♦ ☏ 03 67 02/217 71 oder 📱 01 71/754 33 43, ✉ info@waldstueble.com, 💻 www.waldstueble.com, EZ € 45, DZ € 80, 🚪 Mo und Di Ruhetag, Mi-Sa 17:00-22:00, So 10:00-16:00.

Den Wegweisern entsprechend wird Ernstthal nach Osten durch ein Waldstück verlassen. Nach einem Anstieg wird kurz hinter Ernstthal an einer Wegkreuzung das **Denkmal des Thüringer Wintersportverbands** erreicht.

Das Denkmal, ein großer Findlingsblock, wurde 1921 zu Ehren der im Ersten Weltkrieg gefallenen Wintersportler errichtet. Am Gefallenen-Denkmal war auch der Zieleinlauf der 100-km-Skilanglauf-Staffel, die am Glöckner in Ruhla gestartet wurde und erstmals 1922 durchgeführt wurde.

Bis zur Grenzöffnung im November 1989 endete hier die Runst, denn hinter dem Gefallenen-Denkmal begann das Sperrgebiet der DDR-Grenze. Dies wurde durch die DDR-Oberen mit einem großen Schild „Endpunkt des Rennsteigs“ deutlich markiert. Um keine Diskussionen aufkommen zu lassen, durfte in keiner Literatur die im Grenzgebiet und im Fränkischen liegenden Abschnitte des Rennsteigs erwähnt werden. Im DDR-Wanderatlas „Rennsteig“ stand daher auch zu lesen: „Der Rennsteig verläuft auf 120 km Länge im Südwesten der DDR über den Kamm des Thüringer Gebirges von Clausberg bis Ernstthal.“

☺ Da die folgenden Abschnitte zu DDR-Zeiten nicht ausgebaut wurden, folgen nun einige sehr ursprüngliche Abschnitte des Rennsteigs.

Auf urigen Pfaden geht es hinauf zum Rastplatz **Laubeshütte ❸**.

↳ Von hier aus ist ein Abstecher in südöstliche Richtung (ca. 100 m) zum Frankenwaldblick empfehlenswert. Von dort haben Sie eine herrliche Aussicht zum nahegelegenen Naturpark im angrenzenden Freistaat.

Der Rennsteig verläuft nahezu eben auf einem Waldweg nach Ostnordost, verliert nach gut 2 km an Höhe und trifft auf die Brandstraße.

Folgen Sie der Brandstraße nach rechts, erreichen Sie nach einem knappen halben Kilometer das **Forsthaus Brand ❹**. Das Forsthaus ging aus einer 1905-1907 erbauten herzoglichen Griffelhütte hervor. Es wurde um Finnhütten ergänzt und bis zur Wende als Ferienobjekt des Ministeriums für Staatssicherheit der DDR genutzt.

Die hiesigen Ferienhäuser (Finnhütten mit Kaminofen) bieten Platz für jeweils 6 Personen (€ 45 pro Person für eine Übernachtung), ☏ 03 67 01/603 09 oder 01 76/9 826 96 99, www.thueringen.info/berggasthof-finnhuetten-am-brand.

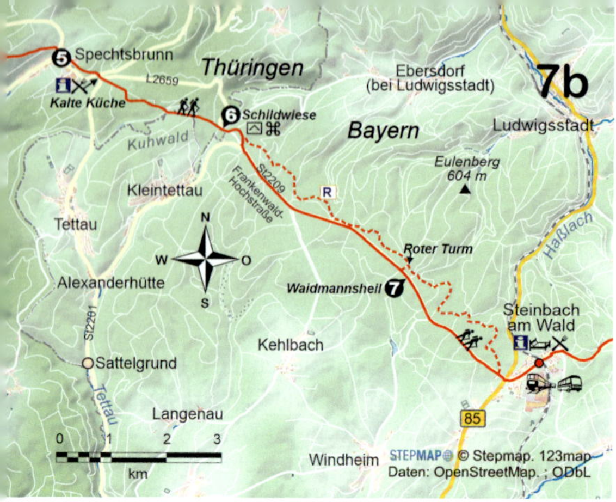

Zum Zeitpunkt der Recherche (Mai 2021) war der Berggasthof Brand geschlossen, ein weiterer Betrieb nicht absehbar.

Der Rennsteig überquert die Brandstraße und folgt dem 1995 neu markierten Original-Rennsteig. Weitere nach rechts führende Abzweige sind mit „Berggasthof Brand“ ausgeschildert.

Nach ungefähr 1,5 km wird die Brandstraße erneut erreicht. Ihr folgt der Rennsteig nach rechts, zweigt allerdings nach 100 m bereits wieder links am Waldrand ab. Nach weiteren 1,5 km trifft der Original-Rennsteig auf die Straße nach Spechtsbrunn.

☺ Um dieser relativ stark befahrenen Straße zu entgehen, wurde eine Alternativroute mit Markierungen in Form eines weißen „R“ ausgeschildert. Am Ende der Wiese zweigt der neu markierte Weg an der ersten Weggabelung rechts ab und führt nach Südosten auf den **Roten Berg** hinauf. Dort führt die Alternativroute aus dem Wald heraus. An einer Schutzhütte knickt der Weg links ab und führt auf einem Feldweg hinunter nach **Spechtsbrunn** 🚌 ❺.

🛏 ✕ Gasthaus Peterhänsel, Obere Sonneberger Straße 21, 96515 Sonneberg OT Spechtsbrunn, ☏ 03 67 03/15 39 93, 📱 01 73/611 37 37, 01 73/425 50 78, ✉ kontakt@gasthaus-peterhaensel.de, 💻 www.gasthaus-peterhaensel.de, EZ ab € 51, DZ ab € 73, Dreibettzimmer ab € 114, gastronomisches Angebot für Hausgäste

🛏 Gasthaus & Pension Am Rennsteig, Obere Sonneberger Straße 2, 96515 Sonneberg OT Spechtsbrunn, ☏ 03 67 03/803 89, ✉ gasthaus_am_rennsteig@t-online.de, 💻 www.gasthaus-am-rennsteig.de, EZ ab € 40, DZ ab € 80. Für das Gasthaus gibt es keine offiziellen Öffnungszeiten, einfach der freundlichen Aufforderung „Bei Einkehrwunsch bitte klingeln“ folgen. Ein kleiner 🍷 Getränkehandel ist tagsüber geöffnet.

☺ ✝ Der Ort, in dem etwa 400 Menschen leben, hat eine bemerkenswert schöne Barockkirche aus dem Jahr 1746.

Bereits ca. 1 km hinter Spechtsbrunn ist an der **Kalten Küche** eine weitere Möglichkeit, um sich zu erfrischen oder zu stärken. An der Einmündung der L1152 befindet sich ein Informationszentrum des Naturparks mit einem Imbiss.

ℹ ✕ Naturparkinformationszentrum. Eine Ausstellung zeigt die Geologie, Flora und Fauna des Thüringer Waldes.
♦ ☏ 03 67 03/708 12, Di-Do 09:00-15:00, Sa und So 10:00-16:00

Der Name Kalte Küche entstand aus den Begriffen „Calde" = Grenze und „Kuche", was aus dem Fränkischen abgeleitet so viel wie kleine Kirche bedeutet.

An der hiesigen Kreuzung treffen sich die Straßen von bzw. nach Gräfenthal – Tettau/Spechtsbrunn – Steinbach am Wald. Hier quert der Rennsteig die alte Heer- und Handelsstraße von Nürnberg nach Leipzig, die zu früheren Zeiten einer der bedeutendsten Gebirgsübergänge des Thüringer Waldes war.

Ungefähr an der Kalten Küche geht das Thüringer Schiefergebirge in den Frankenwald über.

Grenze Thüringen – Bayern

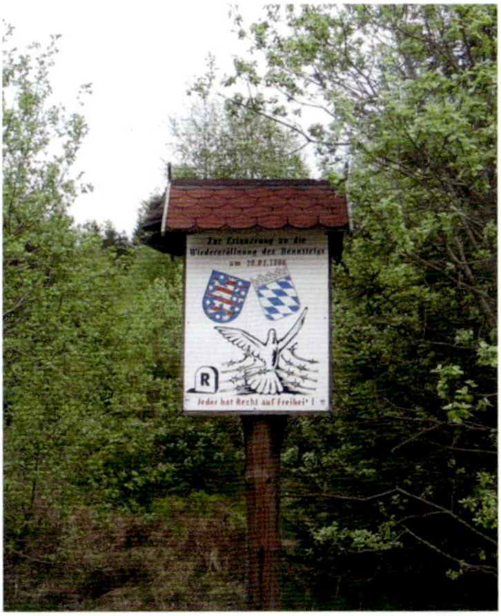

Der Rennsteig überquert die Straße Saalfeld – Sonnefeld und führt links auf einem asphaltierten ehemaligen Grenzpostenweg zum **Kuhwald** hinauf. Auf dem folgenden Kilometer überschreitet der Rennsteig dreimal die frühere innerdeutsche Grenze zwischen Thüringen und Bayern. Nur noch wenig deutet auf die ehemals bestgesicherte Grenze der Welt hin, zumal sich die Natur nach drei Jahrzehnten bereits viel zurückerobert hat. An der **Schildwiese** ❻ steht ein ⌘ Gedenkstein zur ersten gesamtdeutschen Rennsteigwanderung 1990 sowie zwei besonders schöne Wappensteine.

Die zwei Wappensteine stammen aus den Jahren 1725 und 1789 und markierten die alte Landesgrenze zwischen Thüringen und Bayern. Der Stein mit der Nummer 197 trägt auf der einen Seite das Kursächsische Wappen (EHZS 1725; die Abkürzung bedeutet: Johann Ernst Herzog zu Sachsen-Coburg-Saalfeld 1680-1729) und auf der anderen Seite den Adler (GWMZB 1725; die Abkürzung bedeutet: Georg Wilhelm Markgraf zu Beyreuth). Der Stein mit der Nummer 198 trägt die Buchstaben AL (Amt Lauenstein, markgräflich) und AG (Amt Gräfenthal, ernestinisch).

Nach ein paar Hundert Metern wird die Frankenwald-Hochstraße erreicht.

☹ Auf der Trasse des Original-Rennsteigs wurde die Frankenwald-Hochstraße gebaut. Zwar wurde 1991 direkt neben der Straße ein Wanderpfad angelegt, allerdings ist er inzwischen durch neuerliche Baumaßnahmen dem Rennsteig-Radweg gewichen. Da nun bis Steinbach am Wald kilometerlanges Asphalttreten in unmittelbarer Nähe zur stark befahrenen Straße (viele Lkws) anstünde, wurde bis Steinbach am Wald ein Alternativweg geschaffen.

☺ Der Alternativweg ist nur unwesentlich länger als die rund 6,5 km lange Hauptroute, führt dafür aber durch den Wald. Er zweigt links ab und führt zu einer Quelle mit Rastplatz (Wollerbrunn). Nach dem folgenden kurzen Aufstieg zweigt die Alternativroute mehrfach rechts oder links ab, behält aber trotz dieses Zick-Zack-Kurses immer die südöstliche Richtung bei (✋ Markierung ist ein blaues „R“ auf weißem Grund). Letztlich verläuft die Alternativroute immer in Hörnähe parallel zur Frankenwald-Hochstraße. Schließlich trifft die Route auf den Bärenbrunnenweg, der von Ludwigstadt kommt, und erreicht über diesen die Wegkreuzung am **Roten Turm.** Über einen Wanderparkplatz wird ein breiter Weg erreicht, der an den mit Sträuchern und Unkräutern überwucherten Ruinen des 1988 abgebrannten **Waldhauses Waidmannsheil** ❼ vorbei bis nach Steinbach am Wald führt.

In dem 1988 Brandstiftung zum Opfer gefallenen Waldhaus Waidmannsheil (Hotel mit Gaststätte) wurde 1896 auf Initiative von Ludwig Hertel und Johannes Bühring der Rennsteigverein gegründet. Der Verein widmet sich seitdem der Erforschung und Betreuung des historischen Kammweges. Die Waldgaststätte wurde 1845 als Ersatz für ein ebenfalls fünf Jahre zuvor abgebranntes Forsthaus aus dem Jahre 1805 errichtet.

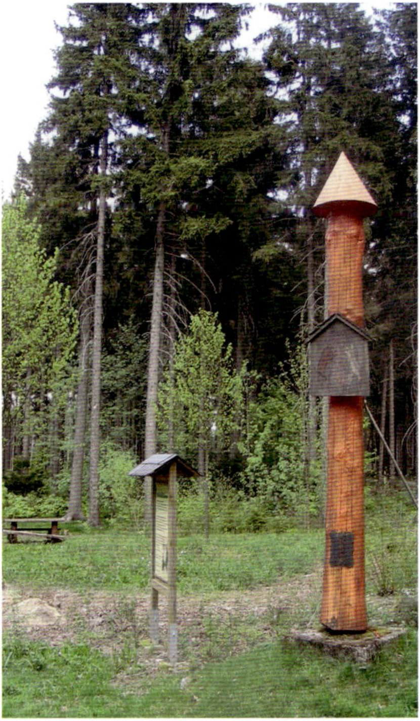

Roter Turm

An der Kreuzung des Rennsteigs mit der Bundesstraße 85 steht ein Obelisk aus dem Jahr 1856 (1956 erneuert), der die Wasserscheide zwischen Elbe und Rhein bezeichnet.

Steinbach am Wald

BANK

✉ 96361, ✆ 092 63, ca. 3.000 Einw.

ℹ Touristinformation, Badstraße 2, ☎ 386, touristinformation@steinbach-am-wald.de, www.steinbach-am-wald.de, Di 08:00-12:00, Mi und Fr 14:00-18:00, Sa und So 10:00-12:00, Mo und Do geschlossen

🛏 ✕ Antikhotel Steinbacher Hof, Kronacher Straße 3, ☎ 992 49 76, ✉ info@antikhotel-steinbacher-hof.de, 💻 www.antikhotel-steinbacher-hof.de, EZ € 74, DZ € 112, 🚪 Mo-Sa (nicht Mi) 17:00-21:00, So 11:30-14:00

♦ Hotel & Pension Rennsteig, Rennsteigstraße 33, ☎ 94 80 oder 459, ✉ info@hotelrennsteig.de, 💻 www.hotelrennsteig.de, EZ ab € 55, DZ ab € 92, Dreibettzimmer ab € 105, 🚪 täglich ab 16:00, So ganztägig

♦ Gästezimmer Kremer, An der Wasserscheide 4, ☎ 73 19 oder 📱 01 74/606 85 38, ✉ info@kremer-fewo.de, 💻 www.kremer-fewo.de, EZ ab € 30, DZ ab € 50

🛏 Gästezimmer Hermann, An der Wasserscheide 8, ☎ 74 82 oder 📱 01 70/584 27 41, ✉ mail@fam-herrmann.com, 💻 www.fam-herrmann.com, ab € 20 pro Person

♦ Gästezimmer Löffler, Wiesenweg 8, ☎ 81 66, ✉ rangerloeffler@t-online.de, 💻 www.ranger-loeffler.de, ab € 20 pro Person

8. Etappe: Steinbach am Wald – Blankenstein

➲ 28,3 km, ⧗ ca. 7 Std. 15 Min., ↑ 206 m, ↓ 394 m, ⇧ 415-731 m

0,0 km	⇧ 603 m	Steinbach am Wald ℹ 🛏 ✕ ☕ ⚕ BANK 🚆 🚌
7,6 km	⇧ 703 m	Brennersgrün 🛏 🚌
11,4 km	⇧ 714 m	Grumbach 🛏 ✕ 🚌
13,9 km	⇧ 685 m	Rodacherbrunn 🛏 ✕ 🚌
21,7 km	⇧ 622 m	Schlegel 🚌
25,7 km	⇧ 567 m	Kießling ✕
28,3 km	⇧ 415 m	Blankenstein ℹ 🛏 ✕ ☕ BANK ⌘ 🚆 🚌

Diese letzte Etappe weist zwischen Steinbach am Wald und Rodacherbrunn keine größeren Anstiege mehr auf. Der Rennsteig verläuft nahezu eben zwischen 650 m und 730 m Höhe. Zwischen Rodacherbrunn und Blankenstein führt der Rennsteig dann langsam, wenn auch nicht ohne größere An- und Abstiege, in Richtung Saaletal. Mit einem sozusagen letzten Aufbäumen geht der Rennsteig nochmal hinauf auf den Kulmberg (⇧ 727 m), um auf den letzten Kilometern schließlich mitunter steil hinab nach Kießling und Blankenstein zu führen.

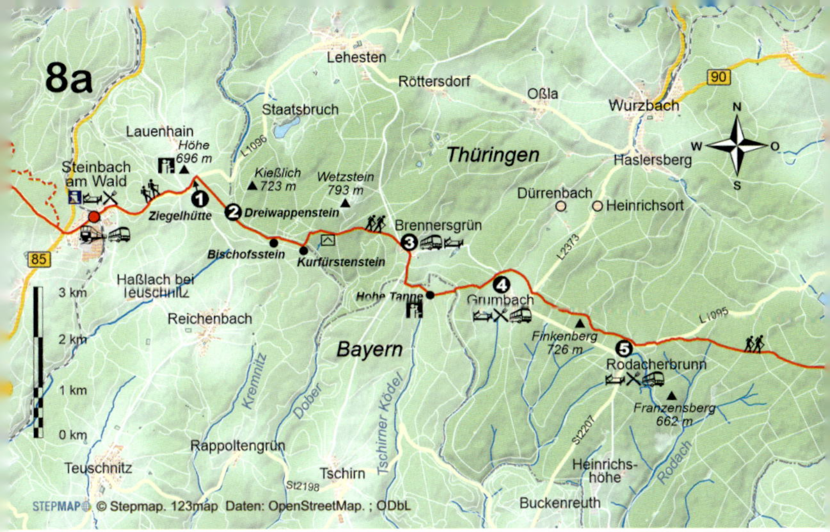

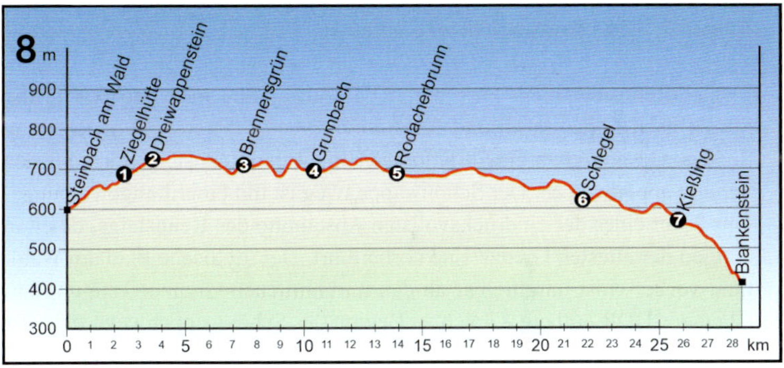

Der Rennsteig führt in nordöstliche Richtung aus Steinbach am Wald hinaus und überquert die Eisenbahngleise.

An der Eisenbahnbrücke liegen die sogenannten Brückensteine, die im Jahr 1984 vom Kronauer Bildhauer Heinrich Schreiber geschaffen wurden. Der Sandstein aus Franken ist 4 Tonnen schwer und der Sandstein aus dem Elbsandsteingebirge gar 8 Tonnen. Die Steine sollen die verbindende Rolle des Rennsteigs betonen; die Brücke zwischen den Steinen ist gleichzeitig ein Zeichen der Verbundenheit Thüringens und Bayerns.

Hinter der Brücke geht es auf der Rennsteigstraße auf den Ortsausgang von Steinbach am Wald zu. Nur 100 m hinter dem Ortsausgang zweigt links ein Weg von der Straße ab, der parallel zur Straße im Wald zur „Zigeunerbuche" führt.

Die Gedenktafel an der „Zigeunerbuche" erinnert an den Reformator Martin Luther, der im Jahr 1530 hier mit der Absicht vorbeikam, in Lehesten zu predigen.

Wegen umfangreicher Straßenbaumaßnahmen in den vergangenen Jahren steht noch einmal ein Asphaltstück in direkter Nähe zur Straße an. Nach rund 1.5 km überquert der Rennsteig einen Straßenkreisel und erreicht die ehemalige Lauenhainer Ziegelhütte ❶, die später ein Gasthaus beherbergte.

➩ Ein kurzer Abstecher zur nordwestlich gelegenen Lauenhainer Höhe ist wegen der guten Aussicht zu empfehlen.

Der Rennsteig biegt kurz hinter der Ziegelhütte nach rechts von der Straße nach Lehesten ab und führt durch einen Fichtenwald in Richtung Südosten. Nach etwa einem Kilometer biegt der Rennsteig links auf den Schönwappenweg ab. Der Schönwappenweg ist mit einer Länge von ungefähr 2 km einer der eindrucksvollsten Abschnitte des Rennsteigs, da er an einigen der ältesten Grenzsteine vorbeiführt. Der idyllische Pfad am Waldrand verlief einst unmittelbar an den unrühmlichen Grenzbefestigungsanlagen der DDR entlang. Gleich zu Beginn des Schönwappenwegs steht der **Dreiwappenstein am Kießlich** ❷ aus dem Jahr 1717. An dieser Stelle stießen die Gebiete der Markgrafschaft Bayreuth, des Bistums Bamberg und der Wettiner zusammen.

Der nächste Stein ist der jüngste Grenzstein des Rennsteigs. Er stammt aus dem Jahr 1935 und trägt das Wappen von Bayern und Thüringen.

Auf den folgenden 2 km werden zahlreiche Grenzsteine passiert, die größtenteils die Initialen KB (Königreich Bayern) und HSM (Herzogtum Sachsen-Meiningen) tragen. Bemerkenswert ist der **Bischofsstein** aus dem Jahr 1619. Schließlich wird der älteste Grenzstein des Rennsteigs passiert: der **Kurfürstenstein** aus dem Jahr 1513. Tatsächlich ist er noch so gut erhalten, dass auf der Vorderseite das sächsische Wappen mit den gekreuzten Schwertern und dem Rautenkranz sowie auf der Rückseite das bischöflich-bambergische Wappen erkennbar ist.

Am Kurfürstenstein knickt der Rennsteig links ab und überquert den seinerzeit als Todesstreifen bezeichneten Teil der ehemaligen Grenze. Auf der thüringischen Seite steht eine im Jahr 2000 neu errichtete ⌂ Schutzhütte mit Informationstafeln und Bildern von der ersten grenzüberschreitenden Rennsteigwanderung nach der Grenzöffnung im Jahr 1990, die von Brennersgrün zur Kalten Küche führte. Im Fichtenwald führt der Rennsteig noch ein kleines Stück nach Norden, knickt dann aber rechts ab und überquert dabei die Dober, den zweiten und letzten Bach während der gesamten Rennsteigwanderung. Der Rennsteig passiert auf diesem Abschnitt den 793 m hohen **Wetzstein** südlich.

Auf dem Gipfel des Wetzsteins befand sich bis 1991 eine Radarstation. Für die Errichtung dieser Radarstation wurde 1979 der Bismarckturm gesprengt, der 1902 als erster Aussichtsturm am Rennsteig eingeweiht wurde.

Knapp 2,5 km nach dem Kurfürstenstein wird **Brennersgrün** 🚌 ❸ erreicht. Der kleine Ort mit seinen etwa 150 Einheimischen entwickelte sich aus einem Vorwerk von Lehesten.

In dem kleinen Ort, der durch seine 40-jährige Lage im Sperrgebiet seinen ursprünglichen Charakter erhalten hat, wird klar ersichtlich, dass im Nachbarort Lehesten die größten Schieferbrüche Deutschlands liegen, denn nahezu jedes Haus ist mit Schiefer verkleidet.

🛏 Rennsteighaus, Brennersgrün 55, 07349 Lehesten, ☏ 03 66 52/16 98 16 oder 📱 01 52/53 57 25 44, 💻 www.rennsteig.de/rennsteighaus-brennersgruen, DZ € 65, 4-Bettzimmer je nach Belegung zwischen € 35 (1 Person) und € 95 (4 Personen). Es stehen zwei 4-Bettzimmer und ein DZ zur Verfügung, eine kleine Küche kann genutzt werden. Die im benachbarten Grumbach ansässige Trattoria e Pizzeria La Famiglia (☞ Grumbach) bringt Abendessen zu den Gästen – oder andersrum (Hol- und Bringdienst zur Trattoria).

Ferienhäuser „FEWO rennsteig 48", Brennersgrün 48, 07349 Lehesten, 03 66 52/228 35 oder 01 72/346 54 45, m.ziemann@hz-service.de, www.fewo-rennsteig48.de, „Wanderübernachtung" 1 Person € 36, 2 Personen ab € 50, Saunanutzung € 8 pro Person

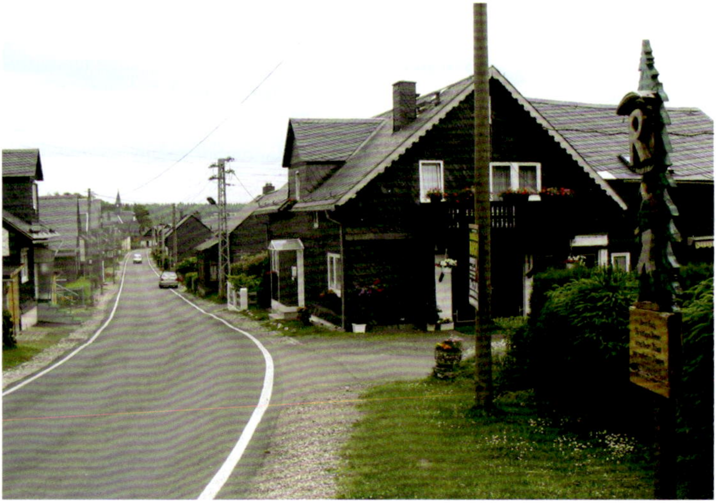

Brennersgrün

Der Rennsteig führt direkt über die Dorfstraße von Brennersgrün und biegt am Ortsausgang nach links in Richtung Osten von ihr ab. Am Grenzstein Nr. 166 wird der ehemalige Grenzstreifen das sechste und letzte Mal überschritten. Der restliche Abschnitt des Rennsteigs verläuft auf thüringischem Gebiet.

Kurz danach wird die **Hohe Tanne** erreicht, wo früher ein Dreiherrenstein aus dem Jahr 1675 stand. Auch sein schmuckloser Nachfolger, der einst die Grenze zwischen Franken (SO), Bayern (SW) und Sachsen-Meiningen (NW) markierte, ist heute nicht mehr auffindbar.

Von der Hohen Tanne bietet sich ein schöner Blick auf Brennersgrün und in Richtung des Wetzsteins.

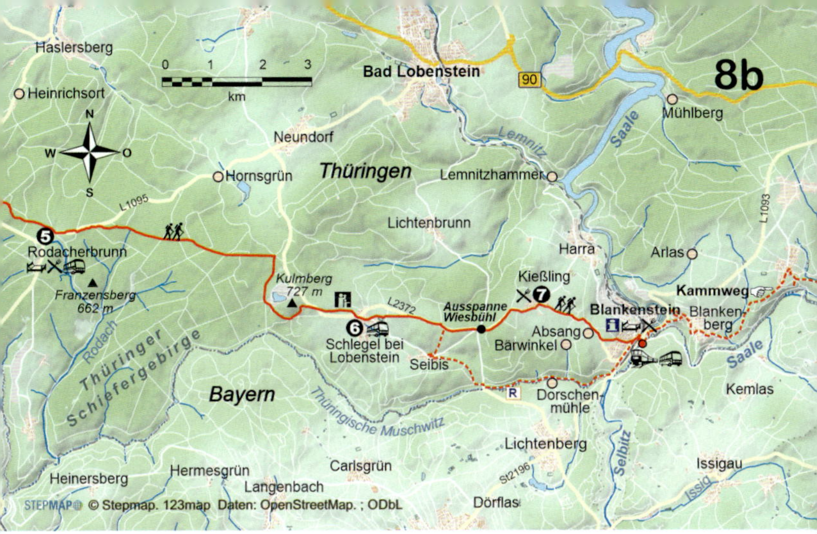

Knapp 2 km später erreichen Sie **Grumbach** ❹, ein Dorf mit ungefähr 150 Einheimischen, das aus einer 1616 gegründeten Glashütte hervorgegangen ist.

Gasthaus Zum Frankenwald, Grumbach 40, 07343 Wurzbach, ☏ 03 66 52/228 32, gasthaus.grumbach@gmx.de, www.gasthaus-grumbach.de, Übernachtungspreise sowie bitte anfragen, Do Ruhetag

♦ Trattoria e Pizzeria La Famiglia, Grumbach 27, 07343 Wurzbach, ☏ 03 66 52/16 98 16, 01 52/53 57 25 44, rennsteig-pizzeria@online.de, www.rennsteig-pizzeria.de, Do-Mo 17:00-21:00, Di und Mi Ruhetag, Übernachtungspreise auf Anfrage

Der Rennsteig überquert die Straße Brennersgrün – Grumbach und umgeht dann nördlich den kleinen Ort. Hinter Grumbach wird die Straße Lehesten – Saalfeld – Nordhalben vom Rennsteig gekreuzt, daraufhin geht es im Fichtenwald über den **Finkenberg** und schließlich wird nach 2,5 km **Rodacherbrunn** ❺ erreicht. Die Siedlung mit ungefähr 50 Einheimischen liegt an der Quelle der Rodach, einem Bach, der dem Main zufließt.

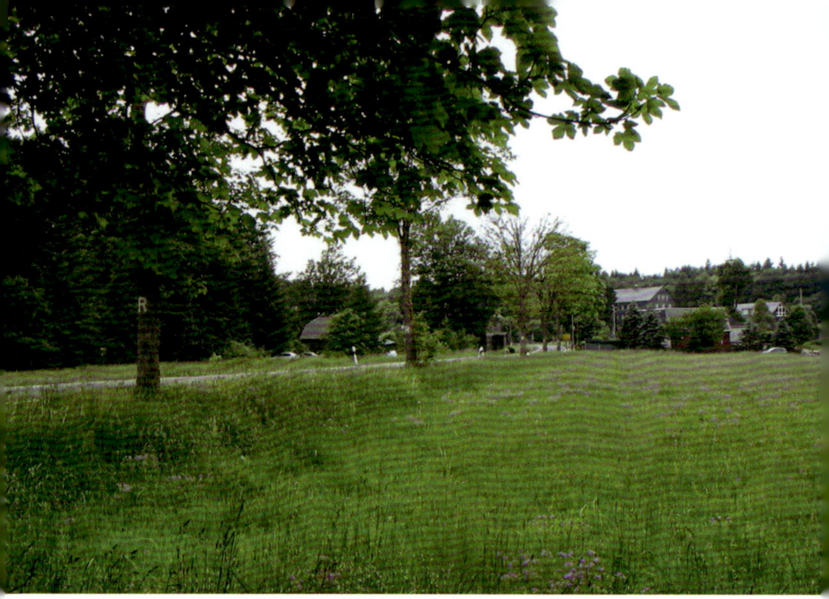

Blick auf Rodacherbrunn

🛏 ✕ Schankwirtschaft und Imbiss „maReile am Rennsteig“, Rodacherbrunn 5, 07343 Wurzbach, ☏ 03 66 52/220 12, Mai bis Oktober 09:00-17:00 (Do bis 14:00), November bis April täglich 09:00-16:00 (Do Ruhetag). Hier kann auch übernachtet werden, Preise bitte nachfragen.

Der kleine Ort hatte bereits im 16. Jahrhundert eine gewisse Bedeutung, denn es wurde in alten Aufzeichnungen ein „Wirtshaus zum Rodiger Brunn“ erwähnt. Der Rennsteig kreuzt am nördlichen Ortsrand von Rodacherbrunn die alte Landstraße von Kronach nach Lobenstein, die früher unter dem Namen Mittlere Handelsstraße bekannt war und Nürnberg mit Leipzig verband. Darüber hinaus wurde im siebenjährigen und im napoleonischen Krieg der Pass bei Rodacherbrunn mehrfach von Truppen überquert.

In Rodacherbrunn folgt der Rennsteig zunächst der Landstraße nach Neundorf und biegt nach rund 300 m an einer Schutzhütte nach links in den Wald ab. Nach weiteren 300 m kreuzen Sie die Straße und folgen der

Markierung entlang eines breiten Schotterweges in östliche Richtung über den **Gehrenflecken**.

In diesem Bereich, bei km 157, verlässt der Rennsteig erstmals seit Hörschel die Wasserscheide. Er verbleibt von nun an bis Blankenstein im Einzugsgebiet der Saale. Die Wasserscheide zwischen Elbe und Rhein verläuft von hier aus nach SO in Richtung Schneeberg, dem höchsten Berg des Fichtelgebirges (1.051 m).

Auf einem asphaltierten Weg führt der Rennsteig an einer ehemaligen Kaserne der DDR-Grenztruppen sowie einem Steinbruchgelände vorbei. Auf dem beschriebenen Abschnitt verläuft der Rennsteig im Zickzack, behält aber immer die östliche Richtung bei.

Bei den zahlreichen Abzweigen und Wegkreuzungen muss aufmerksam auf die Markierung, das weiße „R“, geachtet werden.

Weg bei Rodacherbrunn

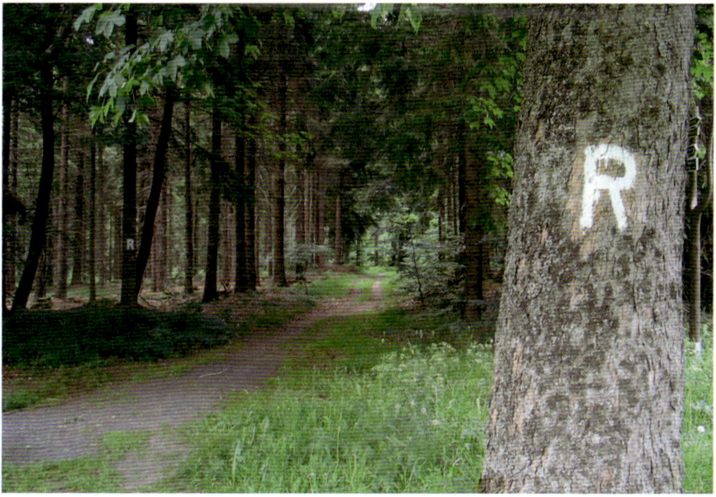

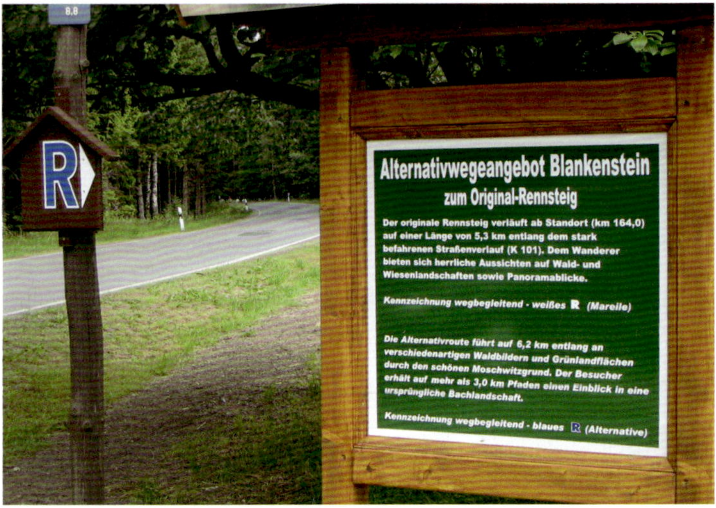

Die Alternativroute bei Schlegel ist mit einem blauen „R" markiert

An einer ⌂ Schutzhütte ungefähr bei km 159 zweigt der Rennsteig rechts ab und umgeht südlich den **Kulmberg**, dessen Gipfelbereich wegen der an der Nordseite stattfinden Steinbrucharbeiten (Diabas, ein sehr hartes Gestein) absturzgefährdet und daher gesperrt ist.

Einen Kilometer später zweigt der Rennsteig links und an der folgenden Weggabelung erneut links ab und erreicht die Straße Schlegel – Neuendorf, die er quert.

Nachdem der Rennsteig den Wald verlassen hat, bietet sich ein guter Blick nach Südosten auf Schlegel, Lichtenberg und den mit 795 m höchsten Berg des Frankenwaldes, den Döbraberg.

Nach einem Kilometer erreicht der Rennsteig **Schlegel** 🚌 ❻.

Der Ort, in dem rund 300 Menschen leben, ist für seine zwei Diabas-Steinbrüche bekannt. In einem Steinbruch wird ein schwarzer Diabas abgebaut, der in ganz Mitteleuropa einzigartig ist.

Der Original-Rennsteig verlässt Schlegel auf der Straße nach Blankenstein. Eine Variante führt in östlicher Richtung durch die Felder und erreicht nach einem Kilometer ebenfalls die Straße. Auf beiden Seiten der Straße wurden kleine Wege und Pfade angelegt, damit Sie die letzten Kilometer nicht auf der Straße nach Blankenstein wandern müssen.

☺ Ab km 164 verläuft der originale Rennsteig auf einer Länge von 5,3 km entlang der stark befahrenen Straße L2372. Unbedingt zu empfehlen ist die 6,2 km lange Alternativroute durch den Muschwitzgrund. Sehr schön sind die entlang ursprünglicher Bachlandschaften führenden Pfade. Die Strecke ist mit einem blauen „R“ markiert.

Knapp 3 km hinter Schlegel wird eine Straßenkreuzung erreicht, die Ausspanne am Wiesbühl. Dort kreuzt der Rennsteig am letzten Gebirgsübergang die alte Poststraße von Lichtenberg nach Bad Lobenstein. An der Ausspanne ist inzwischen ein Rasthaus mit großem Rastplatz errichtet worden.

Informationstafel Blankenstein

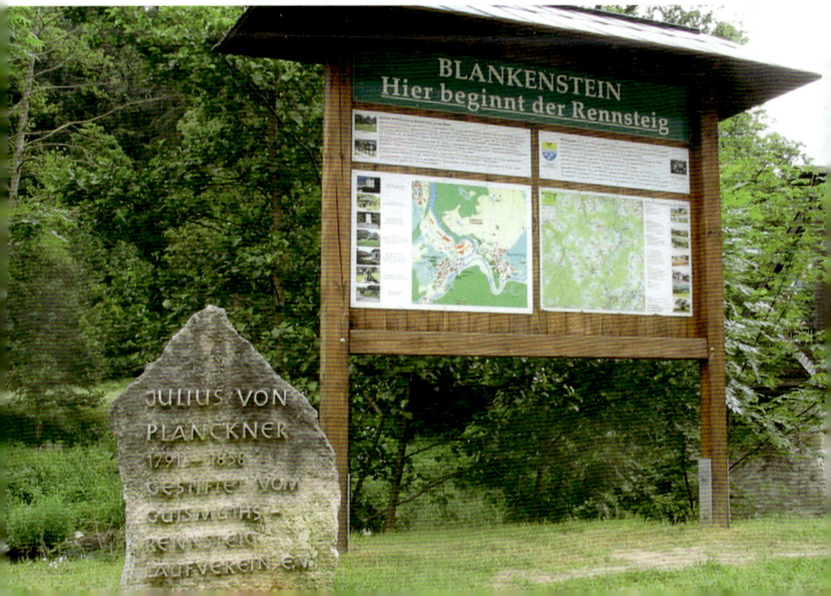

Wiederum parallel zur Straße nach Blankenstein führt der Rennsteig weiter nach Kießling ❼ und zum ✕ Gasthaus Zum Grünen Baum (☏ 03 66 42/2 25 75).

Kurz vor Kießling bietet sich ein guter Ausblick in das Saale- und Selbitztal mit Blankenstein.

Beständig geht es entlang der Straße, wobei der Rennsteig immer mehr an Höhe verliert und sich seinem Ziel nähert: Blankenstein. Kurz vor dem Ziel biegt der Rennsteig an den Gehöften von Absang an den 1934 gesetzten drei Rennsteigeichen links ab und führt hinunter zum Bahnhof nach Blankenstein mit zahlreichen Verpflegungs- und Unterkunftsmöglichkeiten.

Selbitzbrücke

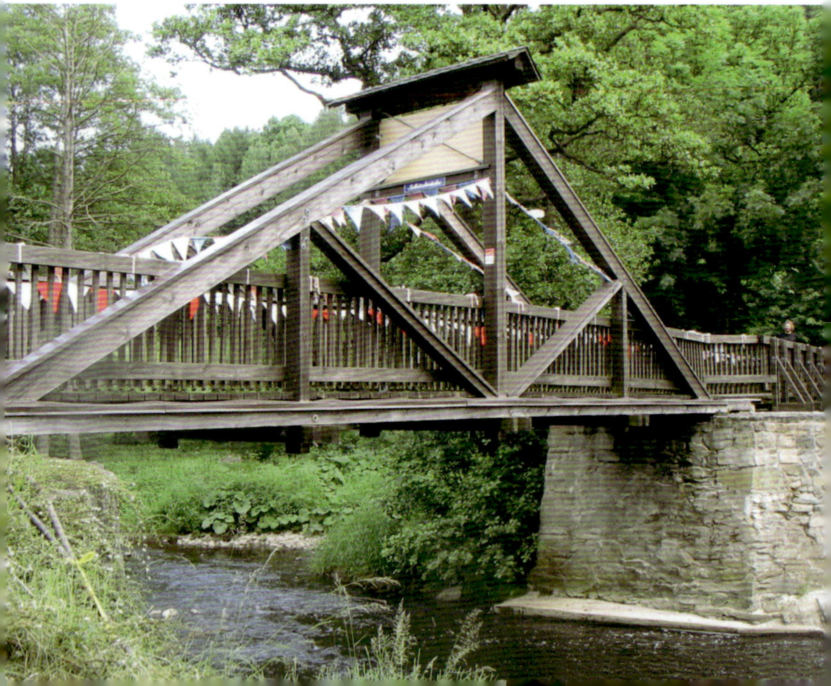

Direkt gegenüber dem Bahnhof befindet sich der „Steinerne Rennsteigwanderer", der die Richtung nach Hörschel anzeigt. Er stellt den aus Thüringen stammenden Heimatschriftsteller August Trinius dar. Dieses Denkmal ersetzt seit 1903 die damals stark verwitterte hölzerne Darstellung des „Rennsteigmönches", der an die wichtige Rolle der Klöster bei der Besiedlung des Thüringer Waldes hinweisen sollte.

Um zur Selbitzbrücke, dem eigentlichen Endpunkt des „Pläncknerschen Rennsteigs", zu gelangen, führt hinter dem Bahnhof ein kleiner Pfad mit Treppen rechts hinunter zur Selbitz. An der Selbitzbrücke steht ein 1990 vom GutsMuths-Rennsteiglauf-Verein gestifteter Gedenkstein, der Julius von Plänckner, dem Ahnherrn des Rennsteigs, gewidmet ist.

Von der Selbitzbrücke kann der Werrastein, der in Hörschel aufgenommen und uns auf der gesamten Runst begleitet hat, in die Selbitz geworfen werden.

Mit diesem alten Brauch heißt es auch Abschied nehmen vom Rennsteig, denn dessen östliches Ende ist hier erreicht.

Blankenstein

BANK

07366, 03 66 42, ca. 700 Einw.

Touristinformation im Wanderstützpunkt, Selbitzplatz 1, 295 33, touristik-info@blankenstein-am-rennsteig.de, www.blankenstein-am-rennsteig.de, April bis Oktober täglich 12:00-17:00. Von November bis März befindet sich die Touristinformation im ⌘ Museum „Rennsteig und Mee(h)r", Hauptstraße 15, Di bis Sa 12:00-16:00.

Gasthaus & Pension Rennsteig, Harrerer Straße 3, 222 30, gasthaus-rennsteig@t-online.de, www.gasthaus-rennsteig.de, täglich 15:00-23:00, Mo Ruhetag, Übernachtung ab € 40 pro Person

Pension & Café Am Rennsteig, Rennsteig 3, 232 07 oder 01 76/12 10 90 05, info@brixwooddesign.de, www.brixwooddesign.de, EZ € 45, DZ € 75, Dreibettzimmer € 100, Abendessen 17:30-20:00 (Reservierung empfohlen)

Gästezimmer Straubel, Schulstraße 13, 226 28 oder 01 60/763 91 12, horststl@gmx.de, www.gaestepension-straubel.de, EZ € 42,50, DZ € 80, Dreibettzimmer € 112,50

Index

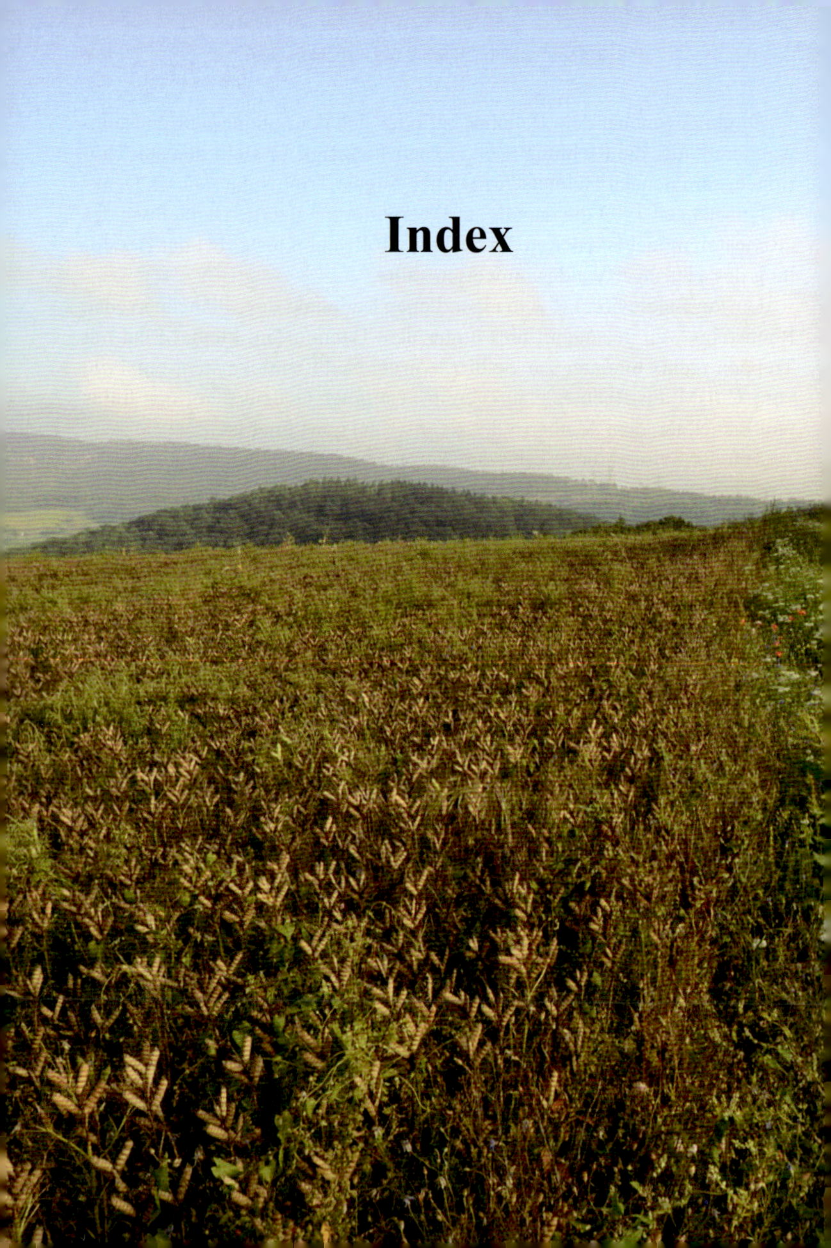

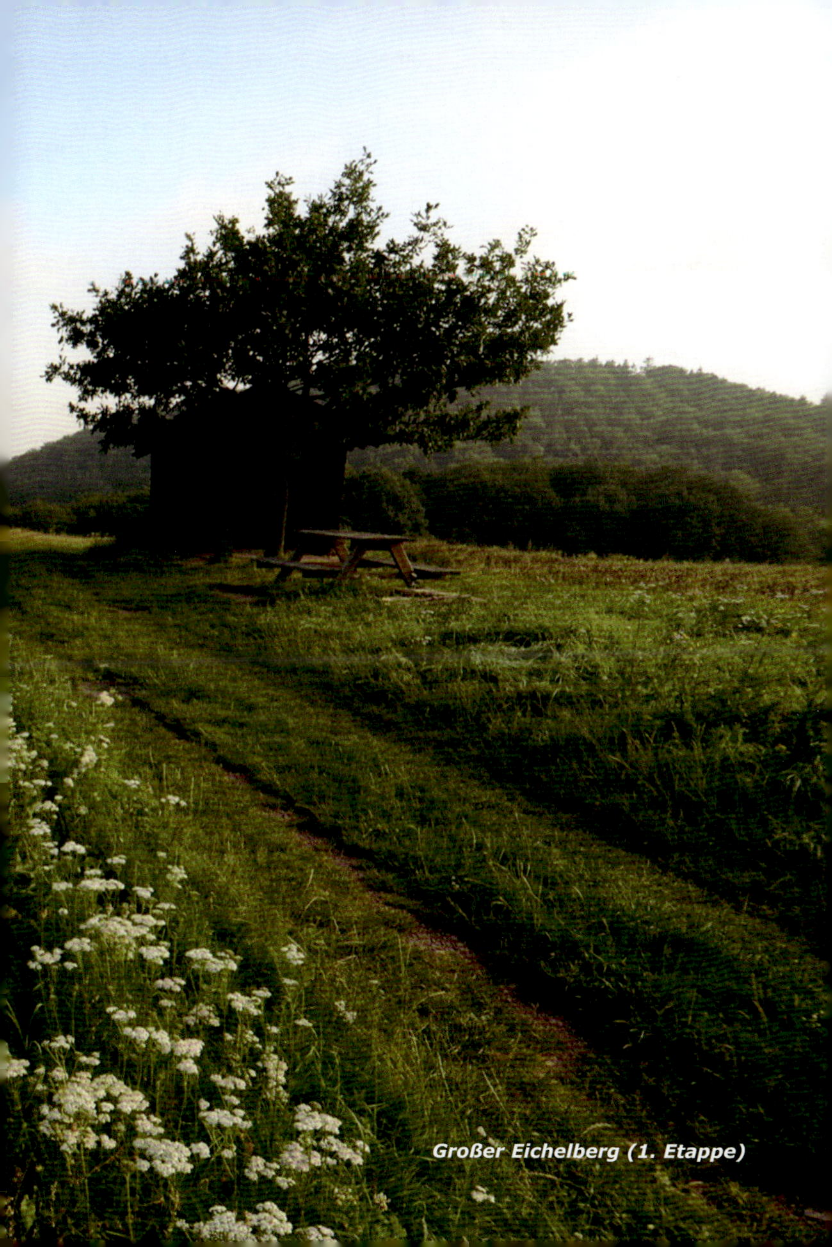

Großer Eichelberg (1. Etappe)

A

Allzunah 112
Alte Ausspanne 96
Alte Tränke 110
Anfahrt 36
Anforderungen 37
Ascherbrück 84
Auerhahn 86
Ausrüstung 37

B/C

Bahnhof Ernstthal 134
Bahnhof Rennsteig 111
Bernhardsthal 129
Binserod 111
Birkkuppe 79
Bischofsstein 142
Blankenstein 151
Brandleite 106
Brennersgrün 143
Brotteroder Hütte 89
Clausberg 81

D

Dietzel-Geba-Stein 101
Diezen-Lorenz-Stein 108
Döbraberg 148
Donnershauk 99
Dreiherrenstein am Hangweg 94
Dreiherrenstein an der Hohen Heide 124
Dreiherrenstein Hoher Lach 134
Dreiherrensteine 87
Dreistromstein 126
Dreiwappenstein am Kießlich 142

E

Ebertswiese 94
Eisenach 71, 72
Eisfelder Ausspanne 125
Ersteberg 119
Eselsberg 123

F

Fauna 42
Fehrenberg 120
Finkenberg 145
Flora 40
Forsthaus Brand 135
Förthaer Stein 81
Frankenwaldblick 135
Frauenwald 112, 118
Friedrichshöhe 125, 126

G

Gabelwiese 91
Gasthof Hirsch 134
Gehrenflecken 147
Gehrichtung 46
Geologie 46
Gerberstein 88
Glasbachwiese 86
Glasberg 96
Gleichisch Gehäu 94
Glöckner 86
Greinerkruft 128
Grenzadler 97, 100
Grenzwiese 91
Große Meilerstätte 86
Großer Beerbergs 108
Großer Burgberg 114
Großer Dreiherrnstein 113
Großer Eichelberg 79

Großer Finsterberg 109
Großer Inselsberg 89
Großer Jagdberg 91
Großer Sauberg 125
Grumbach 145
Günter-Lesser-Hütte 89
Gustav-Freytag-Steins 100
GutsMuths-Hütte 124
GutsMuths-Rennsteiglauf 25

H/I

Heuberghaus 92
Hirschbalzwiese 88
Hirschstein 84
Hohe Möst 100
Hohe Sonne 83
Hohe Tanne 144
Hohe Rod 80
Hörschel 77, 78
Hundskopf 113
Information 48

K

Kahlert 117
Kalte Küche 137
Karten 49
Kieferle 128
Kießling 150
Kleiner Eichelberg 79
Klima 50
Krämerod 97
Krumme Kahre 82
Kuhwald 137
Kulmberg 148
Kurfürstenstein 142

L

Laßmannstein 118
Laubeshütte 135
Lauenhainer Höhe 142
Lehesten 143
Lerchenkuppe 81
Limbach 128
Literatur 51
Lutherdenkmal 88

M

Mareile 66
Masserberg 120, 121
Mordfleck 110

N

Naturpark Thüringer Wald 52
Naturparks 52
Naturschutz 52
Nesselberg 97
Neue Ausspanne 97
Neuhaus am Rennweg 130, 132
Neuhöfer Wiesen 98
Neustadt am Rennsteig 115, 117

O/P

Oberer Beerberg 89
Oberhof 103, 105
Pechleite 125
Petersberg 128
Plänckners Aussicht 108
Possenröder Kreuz 94

R

Radwandern 56
Reisezeit 57
Reitsteine 91

Rennsteig-Radwanderweg 56
Rennsteigbaude 63
Rennsteigchronik 14
Rennsteiggarten 103
Rennsteiggedicht 28
Rennsteighaus 143
Rennsteiglied 28
RennsteigShuttle 111
Rennsteigverein 32
Rennsteigwarte 123
Rodacherbrunn 145
Rollkopf 129
Rondell 102
Roter Berg 136
Roter Turm 138
Ruhla 84
Ruhlaer Häuschen 86
Runst 10
Rüsselskuppe 81

S

Sandberg 129
Sandwieschen 129
Scheffel,Victor von 10, 29
Scheibe-Alsbach 129
Schildwiese 138
Schillerbuche 88
Schlegel 148
Schmalkalder Loibe 98
Schmücke 110
Schneekopf 109
Schönwappenweg 142
Schutzhütten 58
Schwalbenhauptwiese 118
Siegmundsburg 127
Skisport 60
Sommerwiese 106
Spechtsbrunn 136
Sperrhügel 98
Spießberg 93
Spießberghaus 93
Steinbach am Wald 139, 140
Steinheid 128
Suhler Ausspanne 107
Suhler Hütte 109

T

Teufelsbuche 118
Thüringer Schiefergebirge 54, 55
Tiroler Platte 80
Totenheide 83
Tourenplanung 61
Trinius, August 20, 151
Triniusbaude 119
Triniusblick 86
Triniusstein 119
Trockenberg 91
Tunnelkopf 82

U

Unterkunft 63
Updates 64

V

Vachaer Stein 81
Venetianerstein 89
Verpflegung 40, 63
Vessertal 54
Via Regia 81

W/Z

Wachsenrasen 98
Wachstein 84
Waldhaus Waidmannsheil 139
Wandertempo 64
Wartburg 76

Wegezustand 64
Wegmarkierung 66
Werra 78
Werraquelle 124
Wetzstein 143
Wiedepfuhlswiese 97
Wilde Sau 82
Zollstock 84

Ziel für Schuhe: „geschmückter" Wegweiser an der Selbitzbrücke in Blankenstein

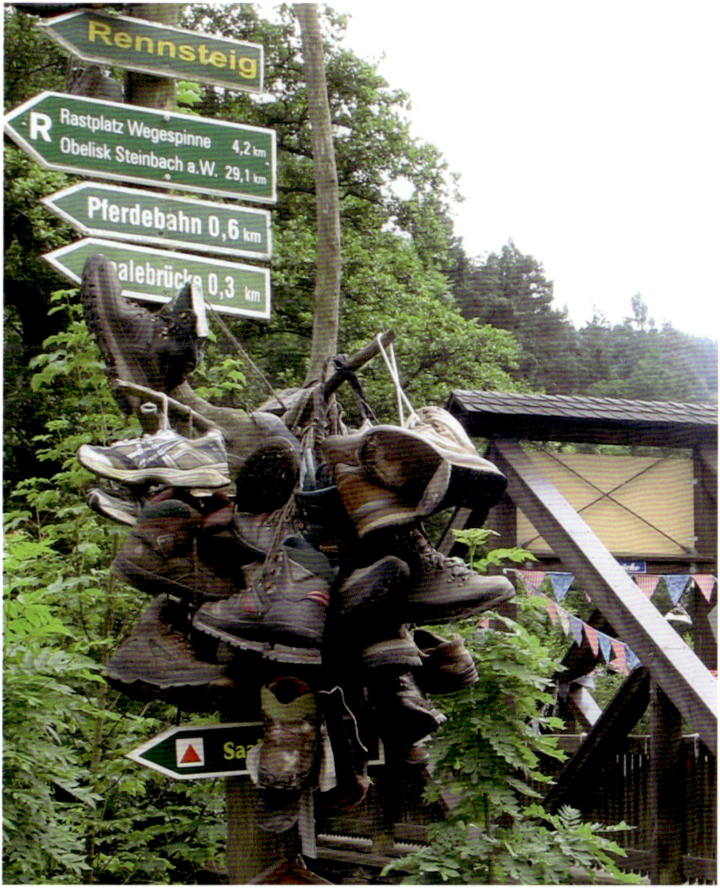

Buchtipps aus dem

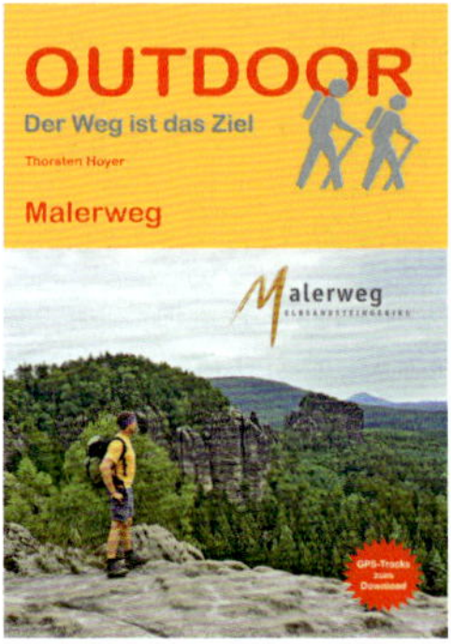

Malerweg

Thorsten Hoyer
OutdoorHandbuch Band 263
Der Weg ist das Ziel
96 Seiten ‣ 30 farbige Abbildungen
11 farbige Karten ‣ 8 farbige Höhenprofile

ISBN 978-3-86686-686-7

>> **Outdoor-Magazin:** *„Der handliche Führer stellt alle Etappen vor, gibt einen Abriss zur Geschichte des Landstrichs und erklärt, was man im nahen Dresden besichtigen kann.“*

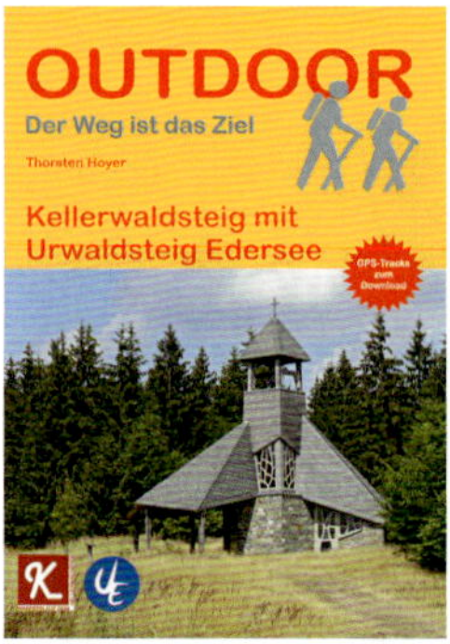

Kellerwaldsteig mit Urwaldsteig Edersee

Thorsten Hoyer
OutdoorHandbuch Band 202
Der Weg ist das Ziel
128 Seiten ‣ 41 farbige Abbildungen
21 farbige Karten ‣ 21 farbige Höhenprofile

ISBN 978-3-86686-623-2

>> **Trekkingguide.de:** *„Wer auf dem Kellerwaldsteig oder auf dem Urwaldsteig Edersee wandern will, für den ist dies der beste Führer.“*

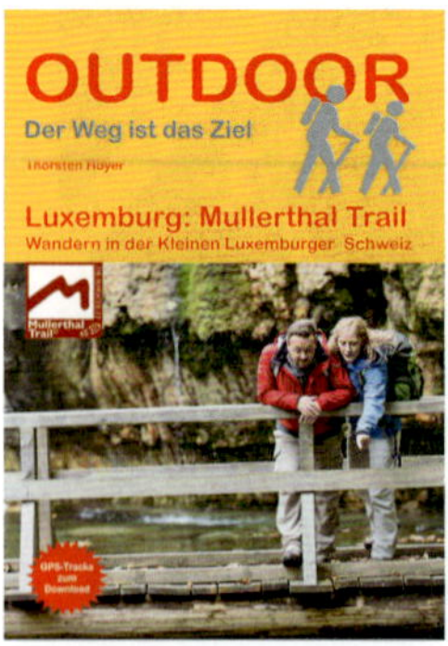

Luxemburg: Mullerthal Trail

Thorsten Hoyer
OutdoorHandbuch Band 266
Der Weg ist das Ziel
128 Seiten ‣ 45 farbige Abbildungen
12 farbige Karten ‣ 11 farbige Höhenprofile

ISBN 978-3-86686-660-7

>> *Auf drei zusammenhängenden Schlaufen wandern Sie durch spektakuläre Felslandschaften, Wälder, Wiesen und idyllische Bachtäler.*

Conrad Stein Verlag

Waldbaden

Ulrike Katrin Peters
OutdoorHandbuch Band 470
Basiswissen für draußen
128 Seiten ▸ 62 farbige Abbildungen

ISBN 978-3-86920-681-2

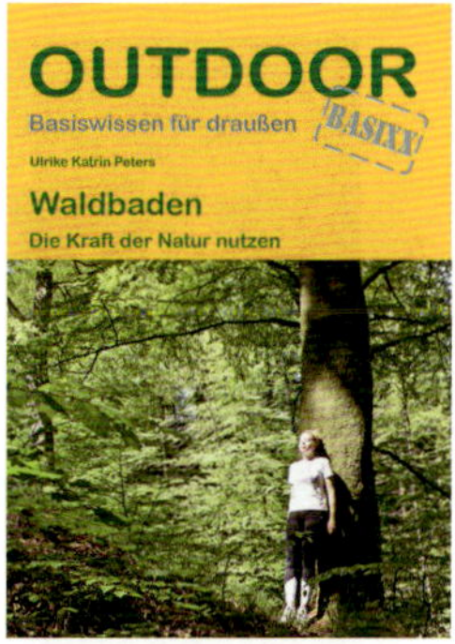

>> **Besprechungsdienst für öffentliche Bibliotheken:** *„Dieses Outdoor-Handbuch aus der Reihe ‚Basiswissen für draußen' richtet sich an Einsteiger und Fortgeschrittene. Es verbindet gut ausgewählte Hintergrundinfos mit zahlreichen Tipps, Übungen und Rezepten."*

GPS

Grundlagen · Tourenplanung · Navigation

Michael Hennemann
OutdoorHandbuch Band 375
Basiswissen für draußen
160 Seiten ▸ 277 farbige Abbildungen

ISBN 978-3-86686-495-5

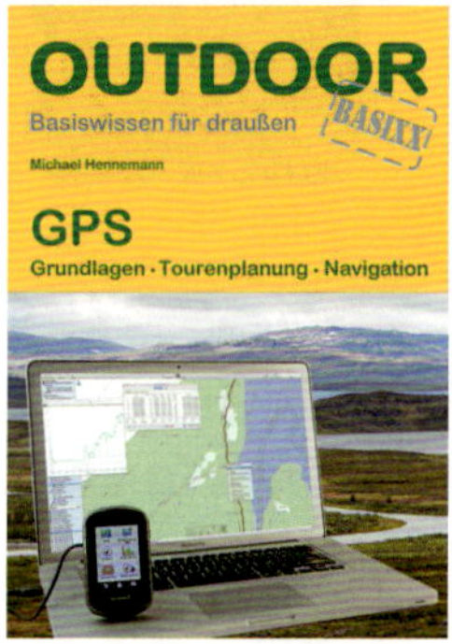

>> **outdoorsüchtig.de**: *„Das Buch glänzt durch seine präzisen Beschreibungen und durch viel Hintergrundwissen zur Benutzung eines GPS-Geräte."*

Geocaching I

Alles rund um die moderne Schatzsuche

Markus Gründel
OutdoorHandbuch Band 203
Basiswissen für draußen
224 Seiten ▸ 142 farbige Abbildungen
9 Illustrationen

ISBN 978-3-86686-744-4

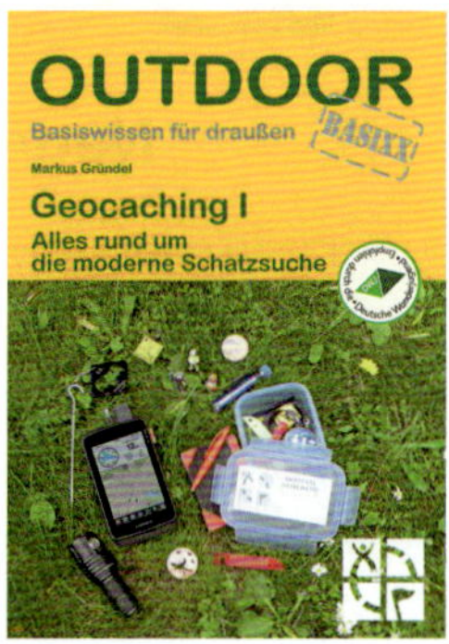

>> **geocaching-franken.de**: *„Ein absolutes Muss für jeden angehenden Geocacher und auch eine Bereicherung für alle ‚alten Hasen'."*

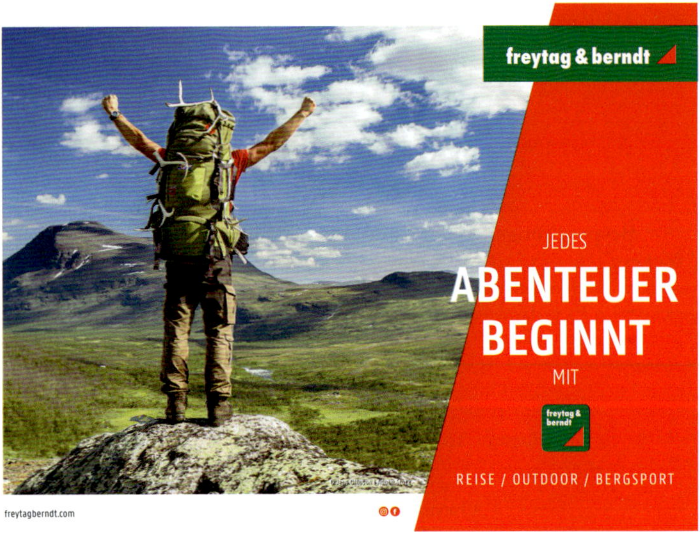

Werde Fan bei Facebook und Instagram!

www.facebook.com/outdoorverlag

www.instagram.com/outdoorverlag

Neue Bücher **Outdoornews**

Deine Fragen und Kommentare

Neuigkeiten aus dem Verlag

Messetermine & Veranstaltungen **Fotos**